FASSADENDÄMMERUNG

Heike Maria Johenning

FASSADEN DÄMMERUNG

BERLINER JUGENDSTIL

ammian
VERLAG

»Jugendstil ist Zerbrechlichkeit und Stärke,
kraftvolles Ausholen und Reflexivität.
Er gehört zu den glücklichsten Momenten
der jüngeren europäischen Geschichte.«

KARL SCHLÖGEL

INHALT

SÜDWESTEN

WESTEN

VORWORT DER AUTORIN

Inspiriert von Karl Schlögel habe ich mich viele Jahre auf die Suche nach den Spuren des Jugendstils im postsowjetischen Raum gemacht. Erst danach fing ich an, mich mit dem Jugendstil in den Herkunftsländern in Westeuropa zu beschäftigen. Als mich die Pandemie 2020 von nahezu allen Orten meines Wirkens abschnitt, begab ich mich mit einer mentalen Wünschelrute durch Berlin, um verborgene Jugenstilquellen zu finden. Zu meiner großen Überraschung wird dieses Thema in der Berlin-Literatur geradezu ausgeblendet. Die Frage »Jugendstil in Berlin?« wurde zum *running gag*. Niemand, am allerwenigsten ich selbst, hätte gedacht, was für eine Schatztruhe sich auftun würde. Und so fand ich mich in märchenhaften Hausfluren, labyrinthartigen Bauaktenarchiven und lauschigen Hinterhöfen wieder. Am eindrucksvollsten waren jedoch die vielen, tatsächlich noch vorhandenen, mal mehr, mal weniger gut erhaltenen Fassaden, die ich inzwischen alle duze. Ich danke der Sonne, dass sie ab und an doch am Berliner Himmel auftauchte und so das Fotografieren auch in den blattlosen Monaten möglich machte. Meine Faszination für diesen vielgestaltigen Stil wird Ihnen nicht verborgen bleiben. Im besten Fall springt sie auf Sie über. »Und so wird der Jugendstil weiterleben als die Metapher einer utopischen Hoffnung« (Klaus-Jürgen Sembach).

EINFÜHRUNG

Mackintosh-Rosen an der Fassade, Jugendstilfliesen von Henry van de Velde, Metro-Geländer von Hector Guimard – auch das ist Berlin! Um 1900 wird die aufstrebende Reichsstadt im Zentrum Europas zu einem Schmelztiegel verschiedenster Architektur- und Kunstströmungen. In der Zeit zwischen 1894 und 1914 formieren sich nicht nur in Paris, Sankt Petersburg und Wien Laboratorien eines neuen Stils. Auch in Berlin geht der industrielle Aufschwung einher mit ungeahntem Bevölkerungswachstum und einer aufstrebenden bürgerlichen Klasse, die sich abgrenzen möchte. Nie zuvor wird in den Metropolen Europas so viel gebaut wie zu dieser Zeit. Da kommen die neuen »Wundermaterialien« Stahl, Beton, Glas und Eisen für den Bau von Brücken, Bahnhöfen, Warenhäusern, Schulen, Villen, Badeanstalten und Mietshäusern gerade recht. Bis dato dominiert der neobarocke und neoklassizistische ›Wilhelminische‹ Stil. Jugendstil wird eine Strömung des Fin de Siècle, zählt aber nicht zur sogenannten Gründerzeit.

Im Städtedreieck Berlin–Dresden–Weimar tummeln sich Visionäre des Jugendstils. Berlin wird eine international vernetzte Metropole. Die Königliche Porzellan Manufaktur KPM in Berlin ist einer der bedeutendsten Betriebe Europas. 1898 wird die Künstlergruppe Berliner Secession als Gegenpol zum bis dahin dominierenden akademischen Kunstbetrieb gegründet. Als Verlagsort für anspruchsvolle Kunstpublikationen längst etabliert, wird in Berlin ab 1895 die visionäre Zeitschrift »Pan« verlegt. Dort beschreibt ihr Herausgeber Julius Meier-Graefe die Epoche des Jugendstils in Deutschland als »Morgenrot der Moderne«. 1896 kommt die namensgebende Wochenzeitschrift »Jugend« in München auf den Markt. Diese Kunstzeitschriften begleiten die Erschaffung des neuen Stils, der mit dem Begriff ›Jugend‹ Hoffnung, Leben, Farbe und Licht verbindet und dessen Ornamentik erst in der Buchkunst, danach auf Plakaten, Möbeln, Porzellan, Fliesen und später in der Architektur auftaucht. Das frühlingshafte Erwachen wird ebenso zu einem festen Bild wie die Phasen des Welkens und Vergehens, die dem Herbst zugeschrieben werden. Nicht von ungefähr tauchen Frauenskulpturen und Blumen an Fassaden auf. Der Jugendstil bildet unterschiedliche Strömungen innerhalb Europas aus, die sich allenfalls in einer Sache einig sind: Sie lehnen jede Form von Nachahmung historisch überlieferter Formvorbilder ab. Einflüsse kommen von flächigen Drucken aus Japan, von der englischen Arts-and-Crafts-Bewegung um den Designer William Morris, aus der vom schottischen Architekten Charles Rennie Mackintosh gegründeten Schule von Glasgow, deren Ideen über Wien nach Deutschland gelangen. Der belgische Architekt und Designer Henry van de Velde wird erst in Berlin zum »Vater des Ornaments« (Bruno Mollenhauer). Von ihm stammt der berühmte Leitsatz: »Die Linie ist eine Kraft«. Linienführung spielt auch für den deutschen Zoologen, Zeichner und Philosophen Ernst Haeckel eine große Rolle. Er fertigt zwischen 1899 und 1904 ikonische Lithografien auf der Grundlage seiner anatomischen und mikroskopischen Studien an Klein- und Kleinstlebewesen an, die er in dem bahnbrechenden Band »Kunstformen der Natur« veröffentlicht und die zur Grundlage des Formenschatzes des Jugendstils werden.

Ins Abseits gerät die durch die Industrialisierung forcierte maschinelle Herstellung von Massenware. Das Handwerk erlangt eine neue Wertschätzung. Noch heute zeigt sich dies an erhaltenen Wohnungstüren, Buntglasfenstern und Holztreppen. Schon allein wegen der hohen Handwerkerkosten ist der Jugendstil anfangs die Angelegenheit einer überschaubaren Elite. Erst in einer späteren Phase geht er in den Massengeschmack über. »Während sie der Natur huldigt, verdankt die Bewegung ihre Existenz Materialien, die dank industrieller Prozesse und technischer Neuheiten später in Massen hergestellt werden konnten. Diese Dualität gehört zum charakteristischen Wesen des Jugendstils«, beschreibt die Autorin Monika Bachmayer diese Besonderheit.

Der Jugendstil wird eine Reformbewegung, die alle Bereiche des täglichen Lebens umfasst, er wird zur »DNA des modernen Lebens« (Michel Draguet). In einer Zeit, in der die Wohnverhältnisse beengt sind, die Straßen staubig und die Arbeit in den Industriebetrieben beschwerlich, soll die Natur auf die Fassaden und in die Wohnungen zurückkehren. Oder in den Worten des Jugendstil-Experten Dolf Sternberg: »Mitten im industriellen Zeitalter wollte der Jugendstil ein Paradies.« Im Stadtbild tauchen Fassaden mit auffälligen Schweifgiebeln, metallverkleideten Halbbogenfenstern, schmiedeeisernen Balkonen, flächigen Pflanzenornamenten, grimmigen Männerköpfen, floralen Frauen-Maskaronen, symbolträchtigen Tieren und gekachelten Oberflächen auf. Rundgeführte Erker schwingen organisch aus der Fassadenhaut, grob behauenes Bossenmauerwerk wird ein wirkungsvolles Gestaltungsmittel als Gegensatz zur filigranen Stuck-Ornamentik. Das lebendige Spiel von Licht und Schatten wertet schlichte Fassaden auf. Die Fassadenfarben sind gedeckt: Muschelrosa, Kieselgrau oder Schilfgrün bringen Abwechslung in die Straßenzüge.

Das Ende des Jugendstils in Deutschland kann auf die große Dresdener Kunstgewerbeausstellung 1906 datiert werden. In unmittelbarer Folge wird unter Beteiligung einer Reihe von mit dem Jugendstil bekannt gewordenen Künstlern wie Henry van de Velde, Peter Behrens und August Endell im Jahr 1907 der Deutsche Werkbund gegründet, der unter seinem Vorsitzenden Hermann Muthesius fortan die Sachlichkeit zum neuen Leitbild erhebt. Damit beginnt eine Fassadendämmerung der eigenwilligen Art, die der einflussreiche Architekt und Architekturkritiker Adolf Loos in seinem Aufsehen erregenden Aufsatz »Ornament und Verbrechen« forciert. Es kommt zur Entstuckung der historistischen Berliner Bausubstanz, zu der – ungerechtfertigterweise – auch die Jugendstilbauten zählen, obwohl an deren Fassaden ja gerade keine Atlanten, Karyatiden oder Putten zu finden sind. Als besonders »lügenhaft« wird die »aufgeklebte Schlossarchitektur« (Adolf Loos) der eigentlich mit beengten Wohnungen entworfenen Mietshäuser empfunden. Nach 1920 ist der Trend nicht mehr abzuwenden. Der Kunsthistoriker Hans Georg Hiller von Gaertringen bezeichnet die massive Beseitigung von Baudekor im Nachhinein als »ein Werk von Stuck-Talibanen«. Anlässlich der Eröffnung der Ausstellung »Neue Sachlichkeit« im Jahre 1925 komponiert Mischa Spoliansky ein Lied mit folgendem Text: »Fort mit Schnörkel, Stuck und Schaden! Glatt baut man die Hausfassaden. Nächstens baut man Häuser bloß / Ganz und gar fassadenlos. [...]«

Der Zweite Weltkrieg bringt zweierlei: Zerstörung und Neuanfang. Was Bomben und Granaten verschont haben, wird mit Hammer und Brecheisen entstellt. Die Fassaden jedes zweiten Gründerzeitbaus, der den Krieg überstanden hat, werden »geglättet«. Die neuerliche Entstuckung wird zu einer ideologischen Abrechnung mit der vordemokratischen wilhelminischen Zeit und gilt als Beitrag der Moderne zum Berliner Stadtbild. Zuweilen hat das Entfernen von Ornamentik auch praktische Gründe: Nach dem Krieg bröckeln Fassadenteile auf die Straßen herab, aber die Sanierung wird für viele Hauseigentümer zu teuer. Und so verdammt die in den 1950er-Jahren teilweise vom Senat bezuschusste Entstuckung viele Gebäude auf Jahrzehnte zu einem glanz- und farblosen Schattendasein, da sie ohne die filigranen Ornamente, schmiedeeisernen Gitter und floralen Friese weder modern noch dynamisch wirken. Auch hatte das Dekor den positiven Nebeneffekt, die Fassaden vor dem Eindringen von Wasser zu schützen. Andererseits steigert das »Modernisieren« den Wert der Immobilie und schützt sie vor Abriss.

In den 1960er-Jahren sorgt der Essay »Die gemordete Stadt. Abgesang auf Putte und Straße, Platz und Baum« des Schriftstellers und Verlegers Wolf Jobst Siedler für eine Wende. Die Entdekorierung sei »das Symptom einer geschichtsfeindlichen Moderne«. Auch der amtierende Berliner Architekt und Stadtplaner Werner Düttmann kritisiert den Fassadenkahlschlag. In der Folge werden Abrisspläne gestoppt; fortan lautet das Motto: behutsame Stadterneuerung. Der Senat bewilligt nach 1964 Zuschüsse in Höhe von 400.000 Mark für jene Hausbesitzer, die die Fassaden in zuvor bestimmten West-Berliner Vierteln wieder »be«stucken. Diese ›Denkmalinseln‹ sollen das Heimatgefühl der geteilten Stadt stärken.

In Ost-Berlin werden oft ganze historische Viertel abgerissen, um die Altbauten nicht renovieren oder den Putz abklopfen zu müssen. Die Altbausubstanz stößt auf ideologische Vorbehalte. Mietshäuser in Privatbesitz gelten als Idee der Bourgeoisie und als Ausdruck einer kapitalistischen Zeit, die es zu überwinden gilt. Hauseigentümer werden aufgefordert, die Fassaden entlang der Regierungsstrecken zu entdekorieren, um Modernität vorzutäuschen. Die Schönhauser Allee als Protokollstrecke der DDR-Regierung gerät als Erstes ins Visier. Nach dem Umzug des Politbüros nach Wandlitz im Jahr 1960 wird die Greifswalder Straße zur Paradestrecke auserkoren und ebenfalls entstuckt. 1982 löst die Prenzlauer Allee die Greifswalder Straße ab und erleidet dasselbe Schicksal. Kratzputz entwickelt sich zum Symbol für den »grauen Osten«.

Die Wiedervereinigung bringt ein Umdenken im Umgang mit historischer Bausubstanz. Seitdem denkmalgeschützte Originalfassaden wieder hergestellt werden müssen, kehren immer häufiger Stuckfassaden ins Stadtbild zurück. In diesem Buch sind mehr als 70 meist noch im Original erhaltene, aber auch ganz oder in Teilen wieder bestuckte Berliner Jugendstil-Fassaden zu bewundern. Schon Walter Benjamin wusste: »Der Jugendstil ist das Träumen, man sei erwacht.«

NORDEN

JENSEITS VON AFRIKA

Noch bis vor Kurzem war das von James Ruhemann im Jahr 1904 entworfene Jugendstil-Gebäude in Moabit seiner Identität beraubt und in braunen Kratzputz gehüllt. Nach 1920 verfügte der Berliner Senat in mehreren Etappen die sogenannte »Entdekorierung« der Fassaden. Stark ornamentierte Gebäude sollten ein »modernes« Antlitz erhalten und unter diesem Vorwand »entstuckt« werden. Erst in den 1960er-Jahren gab es eine Trendwende, Hausbesitzer bekamen nun sogar Prämien für die Wiederherstellung der historischen Fassaden. Bei der Sanierung dieses Mietshauses in der Bochumer Straße 25 entschied sich die Eigentümerin für ein innovatives, mutiges Dekor mit in Afrika verbreiteten Kronenkranichen und Flamingos. Das Triptychon-Ornament mit zwei lachenden Nilpferden und einem dämmernden Artgenossen in der Mitte wurde leider nicht realisiert, obwohl diese doch eigentlich zu der Gruppe der »Big Five« zählen. Im Rahmen der Sanierung kehrte auch der Erkerturm zurück, und der erhalten gebliebene Giebel bekam ein im Jugendstil gern verwendetes Ovalfenster mit eleganten Lorbeeradaptionen. Neben den filigranen Tieren gibt es allerlei Rosenstöcke als Flachornamente zu bestaunen, von Palmwedeln umrahmt. Als Inspirationsquelle diente dem mit dem Auftrag betrauten Stuckateurmeister Sebastian Rost das ›Afrika-Haus Berlin‹, das als Ort transkultureller Begegnungen Veranstaltungen organisiert und seit 1993 im Erdgeschoss untergebracht ist. Der Leiter Oumar Diallo kann sein Glück kaum fassen. Schon von Weitem weiß jetzt jeder, dass Afrika nicht zwangsläufig Tausende von Kilometern entfernt sein muss.

→ Bochumer Straße 25, 10555 Berlin

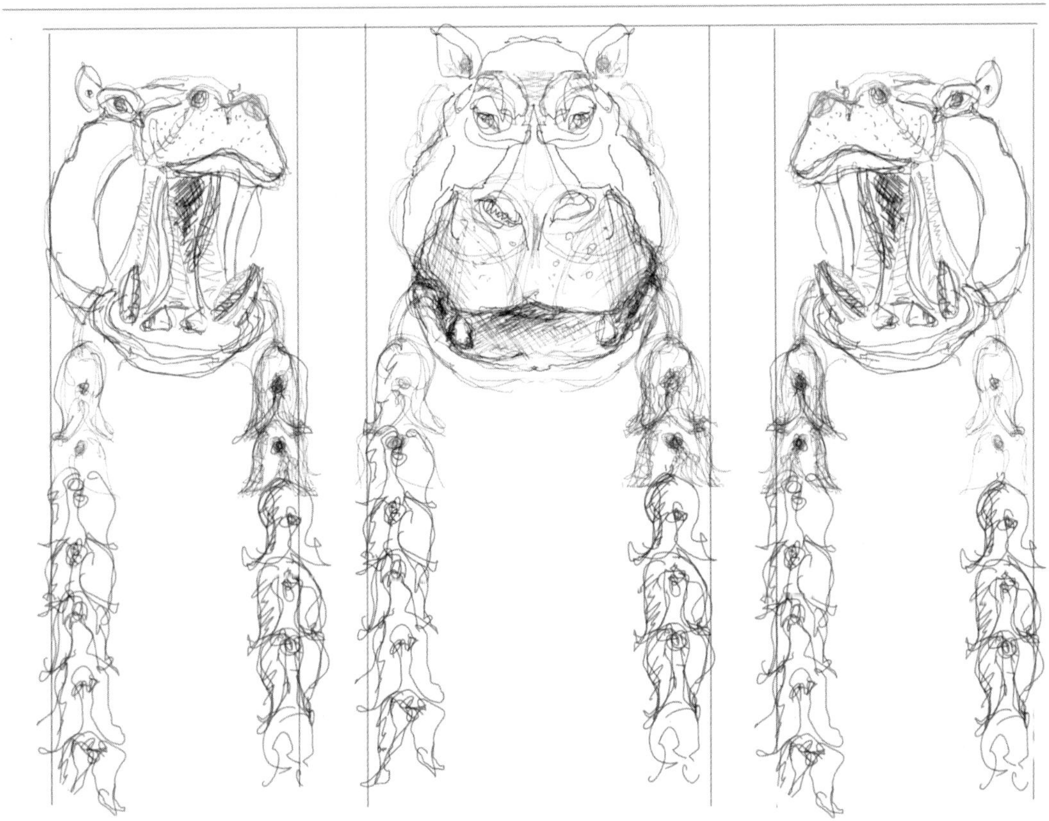

ERKER RECHS
2.OG

BOCHUMER STRASSE

SR

POSEIDON IM WELLENMEER

In Alt-Moabit steht bis zu ihrem Abriss im Jahr 1898 die Borsigsche Maschinenbauanstalt. Johann Borsig hatte sich mit dem auf Eisenkonstruktionen für das preußische Königshaus spezialisierten Unternehmen einen Namen gemacht und gehörte später zu den größten Lokomotivfabriken Europas. Der Käufer, die Magdeburger Bau- und Credit-Anstalt, bebaut einige Parzellen des riesigen, früheren Fabrikareals selbst. Es entsteht ein geschlossenes Wohnviertel für den gehobenen Mittelstand. Dass hier früher eine Jugendstilfassade an die andere grenzte, ist heute nur noch zu erahnen. Die Zerstörungen im Zweiten Weltkrieg haben Spuren hinterlassen.

Als im Rahmen der Modernisierung die Entfernung vieler Stuckfassaden in den 1960er- und 1970er-Jahren angeordnet wird, verschwinden die letzten Fassadenornamente quasi über Nacht. Einige verbliebene Balkongitter aus Pflanzen und Ranken erinnern noch an die Zeit um 1900. Auch Treppengeländer, Deckenfriese, Jugendstilfliesen und floral geschwungene Spiegel sind in den »Vestibülen« noch erhalten. Der Begriff »Vestibül« als Synonym für eine vornehme, repräsentative Eingangshalle ist heute aus der Mode gekommen.
Nach Jahren im entstuckten Zustand tauchten an diesem Wohnhaus am Helgoländer Ufer 6 auf einmal Insignien und Gestalten aus der versunkenen Welt der Jugendstilornamentik auf. Die Meernymphe bespielt mit ihrem Liebhaber Poseidon, dem Gott der Meere, den gesamten Erker in der ersten Etage – der Beletage – des 1904 erbauten Mietshauses. Nicht in der Tiefe des Ozeans, sondern mitten in Berlin steht Poseidons kristalliner Palast. Möwen und Seepferdchen sowie Leuchtturm und Seestern verweisen auf das tosende Wellenmeer. Erst 2019 wurde diese Fassade wieder mit Stuck ausgestaltet. Der Eigentümer hat sich für ein eklektisches Jugendstil-Dekor 2.0 entschieden, zu dem er sich auf mehrmalige Anfrage leider nicht äußern wollte.

→ Helgoländer Ufer 6, 10557 Berlin

ES WERDE LICHT!

Der Architekt Hans Landé tritt bei diesem Haus in der Thomasiusstraße 5 in Personalunion als Bauherr und Baumeister auf und entwirft ein üppig ausgestaltetes Mietshaus mit großzügigen Wohnungen – ein frühes Beispiel für die Reformarchitektur im Berlin des beginnenden 20. Jahrhunderts. Erker, Balkone und Schmuckgiebel gibt es in dieser Anordnung auch im Historismus, der Bauschmuck verortet das 1902 fertiggestellte Ensemble jedoch im metaphysischen Jugendstil, eine Spielart, bei der Sujets wie Eros und Tod eine große Rolle spielen. Hier erzählt die vom Wiener Jugendstil beeinflusste Fassade die Geschichte von der Dualität des göttlichen Willens. Eine übergroße, aus Bronze und Messing hergestellte Faunfratze mit weit aufgerissenem Mund ziert den Schmuckgiebel. In dieser Ausprägung und Beschaffenheit findet man Faune allenfalls noch an Fassaden in der lettischen Hauptstadt Riga. Das grimmige Gesicht soll den Schöpfer versinnbildlichen, der durch sein Wort die Erde erschafft. Links und rechts wird er von einer Flöte spielenden Dame und einem sich die Ohren zuhaltenden Jüngling flankiert, die sich als Halbskulpturen in das Giebelfenster zu schmiegen scheinen. Sie stehen für die gegensätzlichen Prinzipien von Yin und Yang. Am Kranzgesims darunter sind neben diversen Festons und vertikalen Kanneluren zwei weitere Masken zu finden. Der Reliefschmuck an den Fensterbrüstungen ist ebenfalls aus dieser inzwischen grauschwarz schimmernden Bronze angefertigt, die sich von der beigefarbenen Putzfassade elegant abhebt. Der Bildhauer Carl Caspary ist auch für die größtenteils noch erhaltene Innenausstattung verantwortlich. Das Gebäude ruht auf einem bossierten Basaltsockel und empfängt Bewohner mit einem von zwei opulenten Pfeilern und einem Giebelfries umstellten Eingang. Die Friesdarstellungen sind vom Altertum inspiriert: Akropolis (links) und Sphinx (rechts) verweisen auf das antike Griechenland und Ägypten. Die düster anmutende Fratze hat schon allerhand gesehen. Über 100 Menschen wurden im Zweiten Weltkrieg aus 27 Häusern der Thomasiusstraße deportiert und ermordet, davon allein 10 aus diesem. Stolpersteine erinnern an sie.

→ Thomasiusstraße 5,
10557 Berlin

SÜDSTAATENROMANTIK MIT ZIERGIEBEL

Das Frauen-Maskaron im Giebel liegt so gut wie immer in dem Schatten, den das Zierfachwerk am überstehenden Giebeldach auf die Fassade wirft. Aber das darunter angeordnete, mittig geteilte Ovalfenster in der Giebelwand zieht die Aufmerksamkeit nach oben. Die Stege der Bleiverglasung bilden die Sonnenstrahlen um eine kleine Sonne, die Farbeinsätze leuchten in Blau- und Grüntönen. Der Baumeister Johannes Dorr entwirft dieses asymmetrische Mietshaus in der Buchsstraße 3 im Stadtteil Wedding im Jahr 1906. Erker auf Löwenkonsolen, schmiedeeiserne Balkongitter, geschwungene Fenstersprossen und Kapitelle mit Frauenköpfen und Voluten verorten das Wohnhaus trotz ansonsten schlichter Putzfassade zweifelsfrei im Jugendstil. Ein Frauen-Maskaron links oberhalb des Eingangs wurde erst im Zuge der Sanierung aufgebracht. Die Balkone auf der rechten Gebäudeseite sind mit Säulen und abgehängten Ziergittern zu Loggien zusammengefasst. Auf diese Weise wirkt das Haus nahezu neobarock. Das ist typisch für Berlin: Der Jugendstil wandelt sich im Laufe der Jahre und ist am Ende oftmals eine schlichte Form des Neobarocks.

→ Buchstraße 3, 13353 Berlin

JUGENDSTIL-RITTERBURG

Die fünfgeschossigen Wohngebäude in Wedding machen den Straßenraum der Ringstraße zu einem großstädtisch anmutenden Boulevard. Das imposanteste Eckhaus des Straßenblocks mit der Adresse Seestraße 99 wird zwischen 1899 und 1900 von Arnold Kuthe für den Kaufmann Karl Koehne entworfen und zieht die Blicke der Flanierenden schon von Weitem auf sich. Es sind vor allem die Erker, die in vier polygonale Turmaufbauten mit Laternen münden, die das ritterburgähnliche Ensemble mit den beiden symmetrisch angelegten Häuserfronten vertikal betonen. An der Gebäudeecke ragt steil ein opulenter Helmgiebel, darauf thront ein steinerner Adler, der die Erhabenheit dieses großbürgerlichen Ensembles unterstreicht. Doch damit nicht genug! Der Liebhaber exzessiver Jugendstilornamentik traut seinen Augen kaum: Traumhafte Pflanzenreliefs schmücken jedes einzelne Fenster sowie Balkon und Tür. Unter dem Kopf der Dame unter dem Gesims ist Apfellaub zu erkennen. Gut erhaltene und ebenmäßige Frauen-Maskarone mit romantischem Sonnenblumenschmuck in den Haaren säumen die Fenster im oberen Stock. Das eigentlich eher in Süddeutschland anzutreffende Sonnenblumenmotiv findet sich hier sogar in den Balkongittern. Die Sonne ist das affirmative Symbol des Lebens und des Zeitenlaufs.

→ Seestraße 99, 13343 Berlin

ADLER

In der Menschheitsgeschichte steht der Adler seit Jahrtausenden für Weitblick, Macht und Stärke. Mit einer Flügelspannweite von fast drei Metern gilt er als der »König der Lüfte« in Anlehnung an den Löwen als »König der Erde«. Im antiken Griechenland ist der Adler das Symbol des obersten olympischen Gottes Zeus, die Römer verbinden den Raubvogel mit kaiserlicher Macht. Im Mittelalter ist der Adler als heraldisches Freiheitssymbol auf vielen Wappen zu finden. Im Wilhelminismus spielen Adler, Greifen und Löwen auch als Fassadenschmuck eine Rolle. Im Jugendstil tauchen sie an Berliner Fassaden auf, auch Greifen finden sich noch. Sie haben zuweilen den Leib eines Löwen oder die Flügel des Adlers und gelten als wachsame Hüter des Goldes und Beschützer des Hauses. Vier Prachtexemplare findet man an dem Wohnhaus in der Seestraße 99, in der Giesebrechtstraße 20, am früheren Hotel Carlton Unter den Linden und am Bahnhofsgebäude der S-Bahn-Station Hohenzollerndamm.

GLASIERTE ZIEGEL STATT ORNAMENT

Der renommierte Architekt Heinrich Theising entwirft 1902 in der Barfusstraße 2 im Stadtteil Wedding dieses imposante Beamtenwohnhaus mit zwei hoch aufragenden geschweiften Giebelwänden, das ganz in weiß glasierte Ziegel gehüllt ist. Neben dem verspielten Jugendstil gibt es auch eine Kategorie mit hellen Klinkerfassaden und dunkel abgesetzten Randsteineinfassungen. Wie hier in der Barfusstraße wird dann zwar auf weiteren historisierenden Bauschmuck, aber nicht auf eigenwillige Bauvolumina verzichtet. In Teilen ist dieses Ensemble schon der neuen Stilrichtung des Reformwohnungsbaus zuzurechnen; es hat außerdem elegante ovale, über drei Etagen laufende Loggien, kleine Grußbalkone und einen dreigeschossigen Erker. Das Erdgeschoss wird mit Natursteinquadern und üppig ornamentierten Jugendstilportalen aufgewertet.

Seit 1925 gehört das Haus zum Paul-Gerhardt-Stift, in dem Diakonissen in der Krankenpflege ausgebildet werden. Um die soziale Not in der Großstadt zu lindern, werden im 19. Jahrhundert in Berlin private Stiftungen gegründet, die sich der Armen- und Krankenpflege widmen. Von Theising stammen weitere herausragende Bauten in diesem Buch, auch das mit Muschelkalk verkleidete Gebäude des S-Bahnhofs Hohenzollerndamm.

→ Barfusstraße 2, 13349 Berlin

APOTHEKE
30

TORTENSTÜCK MIT ZWEI KERZEN

Der gesamte Wohnblock mit den zwei prägnanten fünfeckigen Erkern und den in den 1980er-Jahren neu konstruierten, latent überformten Dachaufsätzen gehört zu den Paradebeispielen der genossenschaftlichen Reformwohnungsbauten im Berlin des frühen 20. Jahrhunderts. Die erste soziale Genossenschaft wird von dem Eisenbahndirektor und Reichstagsabgeordneten Karl Schrader gegründet, nach dem das imposante Ensemble in der Malplaquetstraße 14–16 benannt wurde. In schönster Jugendstil-Blumenschrift steht sein Name an einem Schmuckband im zweiten Stock am zentralen Korpus. Von den drei begrünten Innenhöfen öffnet sich der mittlere und gleichzeitig größte zur Straße hin und bietet somit allen 192 Wohneinheiten mehr Licht und Luft als viele andere Berliner Mietshäuser aus jener Zeit. Der Gemeinschaftshof wird mit einem Pavillonbau aufgewertet, um das soziale Miteinander zu fördern.

Die dem Jugendstil zugeneigten Architekten Friedrich Kristeller und Hugo Sonnenthal entwerfen diese revolutionäre Anlage mit den beiden Doppeltürmen, bei der es sich nicht um einen geschlossenen Baublock handelt, auf einem dreieckigen, tortenstückförmigen Grundriss. Das 1906 fertiggestellte Ensemble gilt als Symbiose aus Mietskaserne und gehobenem Wohnquartier. Auch der Girlandenschmuck unter den Fenstern, die hübschen Maskarone und die schmiedeeisernen Balkone werten die oft kleinen Arbeiterwohnungen auf. Immerhin verfügen sie in der Mehrzahl über ein Bad und eine Küche – nicht unbedingt Standard zu ihrer Zeit.

→ Malplaquetstraße 14–16, 13347 Berlin

ERST BRAUEREI, DANN VEB TAXI

Die Brauerei Groterjan residiert in einem ganzen Straßenblock an der Schönhauser Allee, dem schönsten Boulevard des Berliner Ostens. Der Braumeister und Inhaber Johann Christoph Groterjan meldet 1894 sein Malzbier zum Patent an und betreibt auf dem riesigen Areal in der Milastraße 1–4 einen Biergarten mit 1.500 Plätzen und einem eigenen Musikpavillon. Das Brauereigebäude an der Ecke zur Cantianstraße wird von Jacob Ernst aus rotem Backstein gebaut und weist eine für Berlin eher untypische Architektur auf. Geschwungene Giebel und ein prägnanter kupfergedeckter Turmhelm zeigen holländische Einflüsse. In den 1990er-Jahren erfolgt eine Sanierung dieses Denkmals der Berliner Industriekultur.
Schon 1897 wird die Brauerei in die Schönhauser Allee verlegt. In die früheren Produktionshallen zieht die Schokoladen- und Zuckerfabrik Joseph Szlagowski. Zwischen 1905 und 1907 lässt Groterjan von dem Architekten Georg Rathenau nebenan (s)ein prachtvolles Wohn- und Geschäftsgebäude entwerfen, in dem auch eine Gaststätte, eine moderne Kegelbahn und ein typischer Berliner Festsaal Platz finden. Das opulente Ensemble wird von einem fünfgeschossigen Ovalturm mit Turmspitze dominiert, der sich an einen üppig verzierten Schildgiebel zu schmiegen scheint. Der burgähnliche Erker an der Frontseite, die zweigeschossige Arkade und die aufwendigen Sandsteineinfassungen sind vom nordischen

ERKER

Um 1900 treten Erker selten rechtwinklig aus dem Mauerwerk, sondern vieleckig oder halbrund. Oftmals tragen sie einen Balkon und ruhen auf ornamentierten Konsolen. Im Jugendstil sind Erker ein wichtiges gestalterisches Element, um Plastizität und Lebendigkeit der Fassade zu erreichen. Meist werden sie ohne Übergänge in den Baukörper geschoben und erstrecken sich über mehrere Stockwerke. Sie münden zuweilen in einen Turm mit einem Dach, das bis über die Traufkante hochgeführt wird, oder in einen Giebel. Als Dachabschluss der Turmerker folgt häufig ein Walmdach, ein Kegel oder eine Spitze. Manchmal bilden Erkervorsprünge optisch das Gegengewicht zu einer Balkonreihe auf der jeweils anderen Hausseite. Erker gibt es an Wehrbauten schon im Mittelalter. Auch als typisches Gestaltungsmittel der Renaissance tauchen Erker, Türmchen, Giebel und Dachaufbauten auf. Spricht man von historisierendem Jugendstil, sind damit Rückgriffe auf diese Elemente gemeint. Erker bieten eine hervorragende Fläche für jede Art von floraler und geometrischer Ornamentik, aber auch für Maskarone, da sie ohnehin die Aufmerksamkeit auf sich ziehen.

Jugendstil aus Skandinavien und von der deutschen Neo-Renaissance inspiriert.

Nach dem Tod des Patriarchen 1909 geht das Ensemble in den Besitz der AG Malzbierbrauerei Groterjan & Co. über, der Betrieb siedelt 1914 in die Weißbierbrauerei Gebhardt in der Prinzenallee 78 in Wedding um. 1934 zieht in einen Teil des verlassenen Brauereiareals die Mila-Fahrschule, die nach dem Krieg verstaatlicht und der »VEB Taxi« unterstellt wird, die zur Ostberliner BVG gehört. Dabei handelt es sich um eine staatliche Fahrschule mit einer langen Warteliste, auf der sich all jene wiederfinden, die ihre »Fahrerlaubnis« nicht bei der Nationalen Volksarmee oder der Gesellschaft für Sport und Technik machen können.

Auf dem parzellierten Brauereigrundstück werden drei weitere Mietshäuser gebaut. 1961 übernimmt die Schultheiss-Brauerei AG den Betrieb, das letzte Groterjan-Bier wird 1978 abgefüllt. Bis 1990 ist in Teilen des Restaurationsgebäudes die DEFA angesiedelt. 1996 eröffnet hier ein Restaurant namens »Ribbeck«, für dessen Namensgebung der gute Herr Ribbeck aus dem Havelland Pate gestanden hat.

→ Milastraße 1, 10437 Berlin

SONNENSTRAHLEN UND GIRLANDEN

Unter Denkmalschutz steht das gesamte Ensemble in der Schivelbeiner Straße von der Hausnummer 42 bis 47 nicht von ungefähr. Von den Entstuckungsinitiativen der 1970er-Jahre in der Umgebung des Arnimplatzes wurde es wie durch ein Wunder verschont. Die fünfgeschossigen Mietshäuser sind alle zwischen 1903 und 1905 erbaut und weisen in unterschiedlichem Maße Jugendstilelemente, florale Applikationen und eklektische Ergänzungen auf. Hausnummer 42 wird von Emil Rödiger entworfen und irritiert durch ein kurios geformtes Fenster – Sonnenstrahlen umspielen es – im Schweifgiebel, auf dem sich eine neobarocke Vase verirrt zu haben scheint. Als Bauherr tritt wie bei den Nachbarhäusern S. Kulisch in Erscheinung. An den Häusern mit den Nummern 43 und 44 wirkt Kulisch auch als Architekt mit. Man sieht viele Ähnlichkeiten und ein Faible für Blumenornamente. In der Hausnummer 45 mit dem steil aufragenden Giebel, ovalem Giebelfenster und der eigentlich im Jugendstil selten anzutreffenden kalkweißen Fassadenfarbe ist heute ein Puppentheater untergebracht.

Die Hausnummer 47 hebt sich von den anderen Wohnhäusern vor allem durch den Runderker und die Rundbogenloggien ab. Auf diese für den Jugendstil typischen geschwungenen Bauvolumina legt der Architekt und Bauherr August Rosenbaum besonderen Wert. Seit der Neugestaltung der Fassade ergänzen neumodische, geometrische Ornamente den wenig filigranen Girlandenschmuck, der so gar nicht zum gediegenen Giebelaufbau mit geteiltem Rundbogenfenster passen will. Auch bei der Farbauswahl scheint man sich eher an der Vielzahl der Eissorten des Eiscafés an der Ecke inspiriert zu haben als an den Jugendstilfarben.

→ Schivelbeiner Straße 42–47, 10439 Berlin

GEBALLTE FRAUENPOWER

Unverhofft taucht in der Erich-Weinert-Straße 20 ein Mietshaus mit einer Phalanx von sieben fast identischen Frauen-Maskaronen auf, die sich an die Pilaster im ersten Stock zu schmiegen und luftig über dem Gehweg zu schweben scheinen. Der fünfgeschossige gelbe Klinkerbau stammt von Architekt Wilhelm Heinrich, der in dieser Straße fünf weitere Gebäude entworfen hat (Hausnummer 16, 14, 10, 5 und 3). Nur die unteren beiden Etagen, die sich optisch auch durch ein Gesims abheben, sind verputzt. Die kunstvollen, sich sehr ähnelnden Stuck-Ladys haben eine Haarpracht aus Kastanien und eine Art Diadem mit einem sechszackigen Stern. Es handelt es sich um vorfabrizierte Masken – keine Seltenheit im Jugendstil. Sie freihand an der Fassade zu modellieren, ist sehr aufwendig. Der geschwungene sechsachsige Giebel mit dem hufeisenförmigen Fenster in der Mitte wird durch eine reiche Jugendstildekoration an der Balkonrückwand im obersten Stock betont. Allerdings ist der Maskaron direkt unterhalb des Fensters eine vereinfachte Darstellung einer pausbäckigen, eher missmutig dreinblickenden Dame, die keinerlei Ähnlichkeit mit den ›Femmes fatales‹ im ersten Stock hat. Ganz offensichtlich handelt es sich nicht um das Original, sondern um eine Nachbildung. Der Eleganz des symmetrischen Ensembles aus dem Jahr 1904 tut das keinen Abbruch. Vom zweiten bis zum vierten Stock glänzt es mit Loggien sowie einer zentralen mittigen Achse mit rechtwinklig aus der Fassade tretenden Balkonen. Die Loggien im obersten Stockwerk mit gemauerten Kleeblattbögen und fein ziselierter Pflanzenornamentik sind im Original erhalten geblieben. Hinter dem von Stuckkapitellen gerahmten Eingangsportal kommen Original-Jugendstilfliesen von Villeroy & Boch zum Vorschein. Im Gegensatz zu vielen auffallend bunten Kacheln aus der Zeit weisen sie hier eine dezente Farbgebung auf. Grüne Ranken schlängeln sich auf beigefarbenem Grund an den Wänden des Vestibüls entlang. Das Dekor ist angelehnt an Fliesenentwürfe von Henry van de Velde, der sich ab 1895 der Keramikgestaltung widmet und im Laufe der Jahre ein erstaunlich breites Spektrum an Gebrauchs- und Luxuskeramik schafft.

→ Erich-Weinert-Straße 20,
10439 Berlin

LOTOSBLÜTE UND PAGODENDACH

Auf dem Grundriss eines gleichseitigen Kreuzes entwirft Walter Koeppen die symmetrische Hoffnungskirche zu Pankow mit Merkmalen des Spätklassizismus wie etwa Pilaster an der Fassade und schmalen Fenstern. Koeppen arbeitet im Baugeschäft seines Vaters Carl Koeppen mit und hinterlässt in Berlin zahlreiche Bauten wie etwa die Wohnanlage in der Wollankstraße 96. Hier plant er nicht nur einen 48 Meter hohen Glockenturm, sondern auch einen Innenraum mit deutlichen Jugendstilanleihen. Die bildenden Künstler Franz Markau und Emil Wolf übernehmen die Raumgestaltung. Eine Besonderheit sind die Engel in Frauengestalt auf den schwarz-weißen Grisaillemalereien neben dem Altar. Engelsköpfe findet man zu jener Zeit, wenn überhaupt, nur in Hauseingängen, nicht aber in deutschen Kirchen. Ein jugendstilig stilisierter Baum unter den Engeln wächst in Windungen nach oben. Auf dem Pflanzenteppich gedeihen Knospen, die wiederum einen neuen Pflanzentrieb hervorbringen. Dass Walter Koeppen ein großes Interesse am Fernen Osten hatte, zeigt sich im Füllhorn mit der Lotosblüte über der Turmtür und an dem Pagodendach an der Ostseite.

Die Kirche ist heute in einem einwandfreien Zustand. Staatliche Stellen geben für ihre Restaurierung in den 1980er-Jahren eine hohe Summe frei. Das hängt vor allem zusammen mit der baugeschichtlichen Wende unter Erich Honecker ab 1971, da er sich für den Erhalt historischer Bauten einsetzt.

So lässt er 1975 den Berliner Dom wiederaufbauen und von 1979 bis 1984 das Berliner Konzerthaus (in der DDR: Schauspielhaus) im klassizistischen Stil restaurieren. Ihm wird außerdem ein Faible für den Jugendstil nachgesagt. Er selbst besitzt eine Jugendstilvilla bei Schwerin. Honeckers Vorgänger Walter Ulbricht geht mit dem ornamentalen Erbe der Stadt sorgloser um.

→ Elsa-Brändström-Straße 36, 13189 Berlin

MUSCHELN, FRÖSCHE UND GANZ VIEL SONNE

Die Sonnenuhr sagt alles. An der Hoffassade des Seitengebäudes thront ein Windmann, der die Sonne über das römische Zifferblatt weiterbläst. Das überaus beschwingte Ornament mit dem pustenden Maskengesicht scheint über den Sonnenstrahlen zu schweben, die kurioserweise alle halben Stunden anzeigen. Eines ist klar: In dieser Schule darf gelacht werden. Auch geturtelt. Zwei Frösche sind sich in einer Nische nähergekommen. Einstmals war sie für einen marmorgefassten Wandbrunnen in der mit pfeilergestützten Kreuzgewölben gestalteten Eingangshalle angelegt worden. Jetzt stattdessen Frösche. Sie sitzen in einer geöffneten Muschel, dem uralten Liebessymbol, und vergnügen sich. Frösche sind im Jugendstil das Symbol des Frühlings und des zu erwartenden Regens und somit echte Glücksbringer. Das imposante Schulgebäude des Rosa-Luxemburg-Gymnasiums in Pankow wird in der Zeit von 1905 bis 1907 nach Plänen und unter der Leitung von Wilhelm Johow erbaut, 1907 als Realgymnasium für Jungen eröffnet und um ein Rektorenwohnhaus und eine Turnhalle ergänzt. Über dem Sandsteinportikus zur Kissingenstraße erheben sich große Rundbogenfenster und eine imposante Giebelkartusche am Schweifgiebel. Seit der umfassenden Sanierung in den letzten Jahren strahlen die Giebel beider Gebäudeseiten in neuem Glanz. Auch die Vielfalt an Fensterformen- und -öffnungen verortet das Bauwerk im Jugendstil. Der Hintereingang wartet mit einer kleinen Kopie des großen Giebels auf und wird durch zwei kompakte Säulen und einen polygonalen Erker betont.

Im Zweiten Weltkrieg kann das Gebäude als Lazarett genutzt werden. In den Nachkriegsjahren wird das Gymnasium zur Wilhelm-Pieck-Schule, später Oberschule. Das Schullogo über einer Skizze des Hintereingangs lautet: »Wir haben in der Schule etwas über das Leben gelernt, wir haben in der Schule des Lebens gelernt.« Es stammt von einem Absolventen aus den 1930er-Jahren.

→ Kissingenstraße 12, 13189 Berlin

OSTEN

W.M.F
W.M.F
COCO-MAT
COCO MAT
COCO MAT

WARENHAUS MIT EICHE UND OLIVENBAUM

Die Leipziger Straße ist vor dem Zweiten Weltkrieg eine der belebtesten Straßen von Berlin. Sie wird so stark bombardiert, dass in diesem Teil von der historischen Bausubstanz nur das Gebäude der Württembergischen Metallwarenfabrik (WMF) und das imposante Postamt gegenüber stehen bleiben. WMF-Gründer Daniel Straub gibt im Jahr 1904 das eindrucksvolle Geschäftshaus mit der Hausnummer 112 bei den Architekten Eisenlohr & Weigle in Auftrag. Der zweiflügelige, fünfgeschossige Prachtbau mit dem typischen Fassadenraster zeichnet sich vor allem durch die riesigen, als Fensterbänder konzipierten Flächen mit leicht nach hinten versetzten Fenstern mit Metallsprossen aus, die den Einfluss der frühen Moderne unter Beweis stellen. Den elegant geschwungenen Rundbogeneingang umrahmen zwei Kupferschmiedearbeiten. Ein Jüngling mit Gartengerät neben einer Eiche lehnt am Rundbogenfenster. Gegenüber steht ein Kollege mit einem Ölkännchen unter einem Olivenbaum – im Jugendstil ein Symbol für langsames, aber stetiges Wachstum. Besonders geschäftig sehen die beiden Sunnyboys allerdings nicht aus.
Die rundgeführte Gebäudeecke wird über dem Eingang fortgeführt und verleiht dem Gebäude eine anmutige Leichtigkeit. Die Schaufenster reichen optisch bis in den ersten Stock, wo sie in Segmentbogenfenster münden. Als Bindeglied fungieren mit hellgrünen Mosaiken verkleidete Fensterfriese. Nur die Friese im Erdgeschoss zeigen noch die Originalausgestaltung. »W. M. F.« ist dort in goldenen Lettern aus Mosaiksteinchen zu lesen. Auf dem Firmenlogo ist ab 1880

W.M.F.

ein laufender Vogel Strauß abgebildet, vermutlich das Familienwappen von Daniel Straub. In einem Prospekt von 1907 ist zum ersten Mal das heutige Logo mit seiner besonderen Buchstabenanordnung zu sehen. Auch wenn das Erdgeschoss und das Dachgeschoss mit dem heutigen zweigeschossigen Turmaufbau nicht mehr im Originalzustand vorhanden sind, gilt dieses mit floralen Ornamenten und liebevollen Details garnierte frühere Waren- und Geschäftshaus als eines der schönsten noch erhaltenen im Stadtteil Mitte.

→ Leipziger Straße 112, 10117 Berlin

EICHE

In der Antike umfasst ein »Eichenleben« etwa 30 Menschengenerationen und gilt als Symbol für Unsterblichkeit und Standhaftigkeit, dem die Germanen später noch die Bedeutung der Treue zugeben. Eichen sind vor allem auf der nördlichen Welthalbkugel verbreitet und erreichen nicht selten ein Alter von 800 Jahren. Die ledrigen Laubblätter sind längsgeschnitten, gestielt und gelappt. Die Eiche braucht viel Licht für ihre ausladende Krone. Sie wird auch im Jugendstil gern als Sinnbild für Stärke, Tugendhaftigkeit und ewige Treue gewählt. Eichenlaub mit oder ohne Eicheln ist an und in vielen Berliner Jugendstilgebäuden als Fassadenornament, Fliesensujet oder Konsolenschmuck zu finden.

KATZ-UND-MAUS-SPIEL ALS STEINZOO

So viel vorab: Dies ist kein echtes Jugendstilgebäude. Allerdings finden sich derart viele für diesen Stil typische Tier- und Pflanzenornamente an der Fassade, dass das denkmalgeschützte Bauwerk trotzdem in dieses Buch gehört. Die einstige und heutige Flaniermeile Unter den Linden im Zentrum von Berlin wird im Zweiten Weltkrieg Zielscheibe unzähliger Bomben. Von den vierundsechzig Gebäuden überstehen nur sechzehn die Angriffe, darunter eines der schönsten: das ehemalige Hotel Carlton mit der Hausnummer 17. Der Berliner Architekt Carl Gause ist für einige bekannte Hotelbauten verantwortlich. Er entwirft auch das Adlon Hotel am Pariser Platz, das jedoch erst nach seinem Tod 1907 fertiggestellt, im Krieg stark beschädigt und später abgerissen wird.

Das fünfgeschossige Hotel Carlton aus dem Jahr 1902 ist ein imposantes Eckgebäude im wilhelminischen Stil mit hoher Pfeilerstellung, riesigen Fensterflächen und zwei Turmhauben auf einem ausgebauten Dachgeschoss. Die 2001 sandgestrahlte Fassade aus Tuffstein weist neben den Jugendstilapplikationen auch Elemente der Gotik und der deutschen Renaissance auf. Die mit floralen und figürlichen Reliefs verzierten Balkone, Erker und Segmentbogenfenster machen das Bauwerk zu einem typischen Hotelpalast der letzten Jahrhundertwende. Neben Adler, Affe, Auerhahn und Känguru ist es vor allem das Katz-und-Maus-Spiel an der kleineren Seitentür, das diesen famosen Steinzoo zum Leben erweckt. Eine Katzenskulptur über der Tür und eine furchteinflößende Männerfratze darüber scheinen das Treiben zu beaufsichtigen. Die Eckskulptur in luftiger Höhe zeigt Merkur auf der Weltkugel.

Als Eigentümerin des Hotels wird Frau A. Seifert in den Bauakten geführt, die Witwe des Hoteliers. Frauen treten in dieser Zeit so gut wie nie als Architekten oder Bauherren in Erscheinung. Nach der Eheschließung haben die Ehemänner die alleinige Verfügungsbefugnis über deren Vermögen. In den 1960er-Jahren ist in den oberen Etagen die Deutsche Bauakademie der DDR untergebracht. Heute logiert im Erdgeschoss, der früheren Hotellobby, eine Filiale des Software-Unternehmens Microsoft, unschwer zu erkennen am schwarzen Namenszug auf Goldmosaikfriesen über den Schaufenstern.

→ Unter den Linden 17, 10117 Berlin

AUF DEN SPUREN VON AUGUST ENDELL

Als die Hackeschen Höfe im Jahr 1906 gebaut werden, zählt Berlin im Allgemeinen und die Spandauer Vorstadt im Besonderen zu den Modezentren in Europa. Schon im 18. Jahrhundert sind hier vornehmlich Textilfabriken angesiedelt. Auf einer Grundstücksfläche von 9.000 Quadratmetern entsteht im Scheunenviertel der Vorstadt ein Komplex mit acht Höfen. Für die Umsetzung werden nicht nur Altbauten, sondern auch die alten Stroh- und Heuscheunen abgerissen. Der Architekt,

Bauunternehmer und Jugendstilfan Kurt Berndt setzt im Auftrag der Erben der Familie Quilitz seine Vision um, Gewerbe, Kultur und Wohnungen in einem Komplex zu vereinen, und engagiert August Endell für die Innengestaltung und die Fassaden des ersten Hofes. Bis heute fungiert dieser als Haupteingang. August Endell hat ein Faible für den Jugendstil, aber sein vordringliches Anliegen ist es, Bewegung in Architektur und Ornamente umzusetzen. Seine Entscheidung, die übliche Gewerbehofarchitektur abzuwandeln und farbige Verblendsteine statt Ornamentik zu verwenden, bringt ihm beträchtlichen Ruhm. Unter dem zentralen geschweiften Traufgesims im ersten Hof erhebt sich eine Pfeilerfassade aus farbigen Klinkern in Kombination mit riesigen Fenstern unterschiedlichster Formen und mit filigraner Sprossengliederung – zu der Zeit eine Neuheit. August Endell entwirft außerdem die als Treffpunkt im gesamten Stadtviertel sehr beliebten Neumann'schen Festsäle, die leider nicht mehr erhalten sind. Dafür bekommt die Haupttreppe zum Kino ihr authentisches Erscheinungsbild zurück. Erhalten ist außerdem das Vestibül im rechten Seitenflügel und ein kleinerer Festsaal im ersten Stock des Quergebäudes. Für den Entwurf der Außenfassade wird Endell nicht verpflichtet, da der Jugendstil zu der Zeit nicht dem Mehrheitsgeschmack der Berliner Bevölkerung entspricht. Und so wartet die Fassade mit einer neobarocken Dachland-

3.OG HACKESCHE HÖFE KINO
FLOOR
1.OG
FLOOR

schaft, expressiven Skulpturen und ägyptischen Obelisken auf. In den letzten Kriegstagen des Jahres 1945 fällt eine Bombe in das westliche Treppenhaus im ersten Hof, die Schäden werden repariert.

Nach dem Mauerbau 1961 wird die Fassade zum Hackeschen Markt in vereinfachter Form wiedererrichtet, die Höfe gehören jetzt zum Volkseigentum, in das nicht mehr investiert wird. Als die Höfe 1977 unter Denkmalschutz gestellt werden, sind die Festsäle baulich bereits entstellt. Die Bewohnerschaft kann die Zerstörung der Endellschen Fassaden verhindern. 1993 wird der Komplex an die rechtmäßigen Erben zurückgegeben und 1994 an den Unternehmer Roland Ernst verkauft. Dieser lässt die Höfe bis 1997 für 80 Millionen D-Mark restaurieren und sanieren, die Fassade zum Markt-

AUGUST ENDELL

August Endell ist Designer und Kunsttheoretiker und einer der Begründer der Jugendstil-Bewegung. Er wird 1871 in Berlin geboren, studiert Philosophie und Psychologie in Tübingen. Der ausgewiesene Autodidakt wechselt an die Universität in München und befasst sich mit kunstpsychologischen Fragen und mit Architektur. Die Begegnung mit dem Schweizer Designer und Bildhauer Hermann Obrist macht ihn, wie er selbst schreibt, zum bildenden Künstler. Fortan will er mit organischen Formen Lebendigkeit in die Architektur bringen. Dazu bietet sich 1898 eine wunderbare Gelegenheit, als er für zwei befreundete ›Society Ladys‹ ein Fotostudio entwerfen soll. Die Gestaltung der Fassade des Hof-Ateliers »Elvira« mit einem gelb-roten, drachenähnlichen »Seepferdchen« (Ahlers-Hestermann) beschert ihm Bekanntheit über die Grenzen Münchens hinaus. Vielfach wird kolportiert, seine Auftraggeberinnen, ein lesbisches Pärchen, hätten ihn zu dem »Drachen« inspiriert. Er zeichnet nicht nur Grundrisse und Fassaden, sondern auch Innenräume. Das Atelier wird ein Meisterstück des Jugendstils. August Endell selbst assoziiert mit dem »Drachen« flatternde Bänder und Meereswellen. Als ihn 1901 die zunehmende Provinzialität Münchens einzuengen scheint, siedelt er nach Berlin um. Im Auftrag von Ernst von Wolzogen entwirft er das »Bunte Theater« (später »Deutsch-Amerikanisches Theater«) mit einer schattenreichen Wandbemalung. Die Teppiche sind mit Fröschen ausgestaltet, die die Laufrichtung anzeigen. »Endell brannte das ganze Feuerwerk seiner zinkenreichen, nervös sprühenden, in Flämmchen flackernden Ornamentik ab« (F. Ahlers-Hestermann). Das famose Theatergebäude in der Köpenicker Straße 68 wird bis 1941 als Kino (D. A. T. Lichtspiele) genutzt und 1945 in Teilen beschädigt.

In München erleidet unterdessen Endells Fassadendrache Schiffbruch. Das NS-Regime schreibt das »Machwerk« dem verhassten Jugendstil zu, schlägt es ab und verputzt die Fassade neu. Als läge ein Fluch über dem Drachen lässt sich dieser jedoch mit Putz nicht gänzlich verfüllen, sodass die Umrisse noch bis 1944 zu sehen sind, bevor diese Jugendstil-Ikone im Bombenhagel zerstört wird.

platz wird unter Einbeziehung der Originalbausubstanz neugestaltet. Die in den Höfen mit einem Shop vertretene Firma GOLEM Kunst- und Baukeramik GmbH produziert sämtliche Verblender in den angepassten Glasurfarben und verkauft heute auch Jugendstilfliesen als Repliken. Für die Bürgersteige fertigt Golem reliefierte Feinsteinzeugfliesen an. Seit der Wiederbelebung der Höfe erlebt das größte Ensemble dieser Art in Berlin einen Besucheransturm ungeahnten Ausmaßes. Die einheitliche Gestaltung der Höfe mit weißen Verblendsteinen verleiht dem Ensemble bis heute eine besondere Aura. Sie sind so angeordnet, dass sowohl Sonne als auch Sauerstoff durch die benachbarten Grünanlagen in die Höfe gelangen.

→ Rosenthaler Straße 40, 10178 Berlin

1905

UFO IN DER TORSTRASSE

Unzählige Menschen fahren täglich an diesem Gebäude in der lärmenden Torstraße vorbei. Allerdings ist es kein Wunder, dass niemand das Haus mit der Nummer 138 in den letzten drei Jahren als das Jugendstiljuwel erkannt hat, das es ist. Eine Baufolie verdeckte es vollständig. Das fünfgeschossige Mietshaus entsteht zwischen 1904 und 1905 im Auftrag des Futtermittelhändlers August Ulrich. Als Architekt tritt der Maurer- und Zimmermeister C. Eichholtz in Erscheinung, der eine Vorliebe für Putz- und Stuckgliederungen, dreigeschossige Erker mit abgerundeten Ecken und seitlichen Balkonen sowie Schmuckgiebel hat. Der Doppel-Dreiecksgiebel zur Torstraße hin ist eine Besonderheit in diesem Straßengefüge. Seit der Sanierung und dem neuen Anstrich in der ungewöhnlichen, jedoch im Jugendstil durchaus häufig zu findenden Farbe Schokoladenbraun kommt die Fassadenornamentik aus stilisierten Blumenmotiven, Reliefs zwischen den Fenstern und Maskaronen an den Lisenen des Erkers besser zur Geltung. Unter einem Fenster sind Pinienornamente zu sehen. Die Sonnenblumen sind so groß, dass man sie auch von der Straße aus erkennt. Hinter der ornamentierten, von Rustikasteinen umgebenen Eingangstür kommen Jugendstilfliesen mit lindgrünen Fantasieblumen zum Vorschein. Die Gebäuderückseite zur Linienstraße ist eher unscheinbar mit hellen Putzflächen und gelbem Klinker ausgestaltet.

→ Torstraße 138, 10119 Berlin

JUGENDSTIL 2.0

Das Architekturbüro Sauer & Partner findet im Jahr 2008 das fünfgeschossige Wohngebäude mit angrenzendem Seitenflügel und Gewerbehof in einem lamentablen Zustand vor: Kriegsabgänge und der Zahn der Zeit haben daran genagt. Und so setzt man im Zuge der umfangreichen Sanierung einen komplett neuen Dachstuhl auf.

Die Mieterschaft ist bunt: In den oberen beiden Stockwerken in der Kastanienallee 79 wohnt heute der Filmregisseur Tom Tykwer. Im 1895 erbauten Fabrikgebäude im Hinterhof ist seit 1994 das DOCK 11 untergebracht, eine freie Spielstätte sowie Produktions- und Ausbildungsstätte mit den Schwerpunkten moderner Tanz, Theater, Film, Performance, Literatur, bildende Kunst und Design. Ein weiterer illustrer Mitmieter ist die Kult-Comic-Buchhandlung »Modern Graphics« im Erdgeschoss. So viel Kreativität unter einem Dach veranlasst den Stuckateur Sebastian Rost zu einem einfallsreichen Fassadenexperiment. Er denkt sich für die Fassade des nicht denkmalgeschützten Vorderhauses aberwitzige, hintergründige Ornamente aus, die er als »freie Antragungen rund um das Thema Garten Eden« bezeichnet. Und so huschen allerlei grimmig, gräulich und eckig ausgestaltete Monster mit großen Fangzähnen und mächtigen Schwänzen über die weiß verputzte Fassade. Schemenhaft sind unten am dreigeschossigen Erker links und rechts zwei dürre Gestalten mit riesigen Händen zu erkennen, bei denen es sich um Adam und Eva handelt. Den Apfel vom Baum der

Erkenntnis in luftiger Höhe muss man intensiv suchen. Hätte Rost ihn doch nur in seiner Lieblingsfassadenfarbe angemalt, in Blattgold. Dann würden noch mehr Passanten stehenbleiben, um diesen visionären »Hingucker« zu bestaunen, der einen Ausblick in die Zukunft des Genres geben könnte: Jugendstil 2.0.

→ Kastanienallee 79, 10435 Berlin

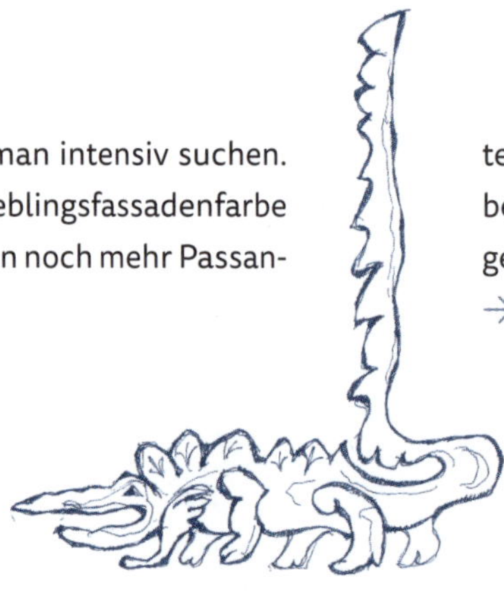

SONNE UND SONNENBLUME

Die Sonne eignet sich mit ihrer runden Form und ihren dekorativen Strahlen wunderbar als Jugendstilornament. Sie steht für die positiven Kräfte beider Tageszeiten und ist oft im oberen Drittel der Jugendstilfassaden oder als Türschmuck zu finden. Die Sonne überwindet Todesfurcht und Todesahnung, sie gilt bis heute als ein affirmatives Symbol des Lebens. Als Fassadenschmuck im Jugendstil wird die Sonne nur noch von der Sonnenblume übertroffen. An sonnigen Tagen verfolgen Blüten und Blätter die Sonne auf ihrer Reise von Ost nach West, während sie nachts oder in der Morgendämmerung auf ihre nach Osten gerichtete Grundposition zurückkehren. Die Sonnenblume ist in diesem Kontext das Symbol der Treue. Die langstielige ›Königin des Sommers‹ ist aufgeladen mit positiver Symbolik und kann auch als Spiegelbild des Menschen gesehen werden. Bei den Urvölkern des amerikanischen Kontinents ist die Sonnenblume das Symbol für Sonne, Licht, Leben, Fruchtbarkeit, Gesundheit und Weisheit und dient als Nahrungsquelle. Schon etwa 2500 v. Chr. wird sie kultiviert; 1552 bringen spanische Seefahrer sie nach Europa. Die weltlichen Herrscher betrachten die Sonnenblume als Sinnbild von Macht, Reichtum, Ergebenheit, Glanz und Treue. Erst die Hippiebewegung macht aus der Sonnenblume das Symbol für Entwicklung, Freiheit und Offenheit. Die Sonnenblume ist auch das Lieblingsmotiv der englischen Ästheten des 19. Jahrhunderts, die etwa durch Oscar Wilde Bekanntheit erlangen und auf dem europäischen Festland nachgeahmt werden.

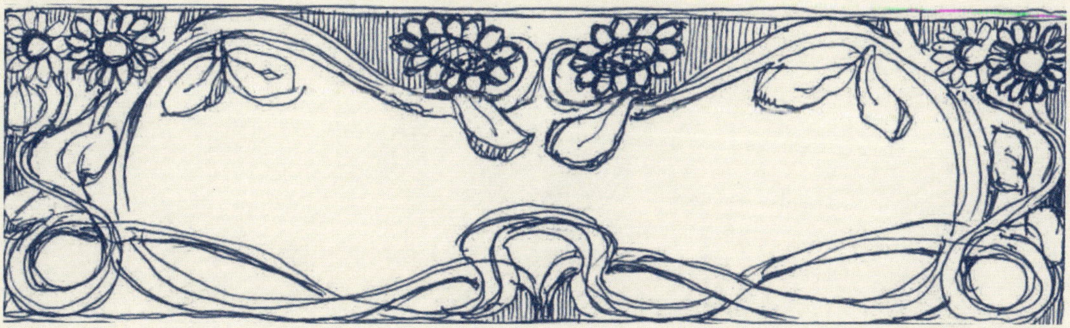

KEINE CHANCE FÜR BÖSE GEISTER

Wie viele böse Geister der Bauherr Gustav Wertheim von seinem 1904 entworfenen opulenten Mietshaus und dem Fabrikgebäude im Hinterhof fernhalten will oder muss, ist nicht bekannt. Allein das Vorderhaus in der Immanuelkirchstr. 3/4 ist mit acht furchteinflößenden Männerfratzen dekoriert, die mit aufgerissenen Mündern die Kammputz-Fassade auf eigenwillige Art beleben. Jedes der individuell gestalteten Gesichter setzt sich aus typischen Insignien wie Blüten, Blättern und Voluten zusammen. Die Fratzen sind freihand modelliert, das verrät ihre Unterschiedlichkeit. Dieses Verfahren ist deutlich aufwendiger als das Ankleben von Ornamenten: Der Stuckateur steht dabei auf dem Gerüst und modelliert die Masse direkt an der Hauswand. Entworfen haben das Mietswohnhaus die Architekten Heilbrunn & Seiden. Das Architekturbüro ist für seine gut durchdachten Entwürfe und die Verwendung hochwertiger Materialien bekannt. Der Bauherr gehört nicht zu der Warenhausdynastie Wertheim, die von den beiden Brüdern Georg und Wilhelm geführt wird und für die Alfred Messel das legendäre Wertheim in der Leipziger Straße entwirft.

Die symmetrische Fassade besticht durch florale, flächige Ornamente, ihre südländisch anmutenden Loggien und die vieleckigen Erker, die auf zwei Etagen durch schmiedeeiserne Balkone miteinander verbundenen sind. Der Grundriss verfügt über das typische Berliner Zimmer; ohne dieses kommt keine Mietwohnung aus der Zeit um 1900 aus. Die Fabrik mit den breiten Fensterachsen grenzt an die Seitenflü-

gel und unterscheidet sich stilistisch durch eine weiße Klinkerfassade, deren Pfeiler neben den Segmentbogenfenstern im oberen Fassadenbereich in (weitere) Fratzen übergehen. Das mit schräggestellten Fenstern gestaltete Treppenhaus im Seitenflügel des Innenhofs verleiht dem Gewerbebau eine elegante Leichtigkeit. Ein Fahrstuhl ist im Original erhalten geblieben, die Fliesen im Innenbereich leider nicht.

→ Immanuelkirchstraße 3–4, 10405 Berlin

MASKARONE

Maskarone (frz. Fratzengesichter, Masken) sind als karikierende Form der Maske seit der Antike bekannt. Um 1900 kommt ein vermehrtes Interesse an Masken auf, sie werden ein Vehikel zur Überbrückung der größer werdenden Spannung zwischen Sein und Schein, Traum und Realität, Verstand und Gefühl. Sie symbolisieren das Spiel mit Identität und Rolle, alte Gewissheiten werden in der Zeit neu definiert. Als Fassadenschmuck eignen sich Maskarone perfekt, um die für den Jugendstil typische Überraschung und Lebendigkeit zu erzeugen. Das starre Antlitz von Männern oder Frauen, manchmal auch menschenähnlichen Fabelwesen oder Gottheiten, wird etwa durch einen geöffneten Mund, aufgerissene Augen oder aufgeblasene Wangen konterkariert und haucht der Fassade auf diese Weise Leben ein. Es ist wenig verwunderlich, dass Maskarone an Konsolen, Erkern oder Torbögen im Jugendstil als Architekturschmuck ein Comeback feiern. In der Gotik, Renaissance und im Barock werden sie als Schmuck an Wasserspeiern, Türklopfern und Schlusssteinen verwendet. Die auch »Medaillons« genannten Fratzen werden entweder freihand an der Fassade modelliert oder in der Werkstatt vorab hergestellt und auf die Hauswand geklebt. Von einer Blattmaske spricht man, wenn ein Gesicht aus Blättern oder Pflanzen entsteht oder von Blättern umrahmt wird. Frauen-Maskarone stehen für mystifizierte Weiblichkeit, für eine Doppelbedeutung weiblicher Schönheit. Frauen des Jugendstils sind nicht aus Fleisch und Blut, sondern idealisierte Wesen. Zum einen findet sich die für das Verderben stehende »Femme fatale«, manchmal als zum Flächenornament mutierter Vamp mit arabeskenhafter, nur aus Ranken bestehender Haarpracht, zum anderen die »Femme fragile« als anmutige, ernsthafte, aber unnahbare Schönheit mit ebenmäßigen Gesichtszügen. Frauenkopfe mit wallenden Haaren stehen für jugendliche Frische, kraftvollen Schwung und strahlende Zukunftshoffnung. Einige Maskarone verblüffen mit blinden Augen. Diese »Ziegenaugen« symbolisieren irritierende Magie, sie lassen verborgene Welten erahnen.

Männer-Maskarone sind oftmals bei näherer Betrachtung ein dichtes Gerank von Pflanzen: eine Nase aus Blättern, Haare aus Ranken, Augen aus eingerollten Blütenblättern, der Mund als Loch zwischen zwei Pflanzenstengeln. So soll die Illusion eines Gesichts hervorgerufen werden. Diese Vermischung ist ein wiederkehrendes Motiv; sie fordert heraus, unkonventionelle Details zu entdecken. Oftmals thront oben an der Fassade der Herr des Hauses. Ist der Mund weit aufgerissen, handelt sich um ein »Nussknackergesicht«.

Die simulierten Bewegungen sollen wie bei den Frauen-Maskaronen die Fassade beleben.

Prenzlauer Allee
Raabestraße

FASSADENGARTEN MIT KLINKER

»Der Jugendstil mobilisiert alle Reserven der Innerlichkeit. Sie finden ihren Ausdruck in der mediumistischen Liniensprache, in der Blume als dem Sinnbild der nackten, vegetativen Natur, der der technisch armierten Umwelt entgegentritt.« Walter Benjamin hätte seine Freude an dieser Fassade gehabt. Ausgerechnet der Sänger einer bekannten deutschen Rockband wohnt gegenüber und blickt von oben auf diese Jugendstiltorte an der Prenzlauer Allee/Ecke Raabestraße. Das stattliche Wohn- und Geschäftshaus aus dem Jahr 1902 ist aufwendig mit drei gestaffelten Giebeln, vier dreigeschossigen Erkerreihen und Rundbogenloggien im Mittelteil ausgestaltet. Die roten Ziegelsteineinfassungen im oberen Fassadendrittel identifizieren das Ensemble als sogenannten Backsteinjugendstil. Klinker sind in Berlin etwas Besonderes, da es in Brandenburg zu wenig Tonvorkommen gibt. Im unteren Teil dominiert hellgelber Putz, dessen Farbe auch gern als »Kondensmilchweiß« bezeichnet wird.

Einzigartig für Berliner Verhältnisse ist die hohe Qualität und der Variantenreichtum der Stuckarbeiten mit fantasievollen floralen Jugendstil-Motiven. So finden sich an zwei Erkern gleich ganze Eichenbäume als Flachreliefs. Kastanienlaub ziert die vielen Brüstungsfenster. Die beiden symbolischen Bäume verleihen dem Haus eine solide, kraftvolle Ausstrahlung. Es ist nicht übertrieben, bei der Fassade von einem »steinernen Garten« zu sprechen, denn zu den Bäumen gesellt sich noch eine Vielzahl von Pflanzen: Distelschmuck, Fuchsien, Seerosen und Sonnenblumen stammen von der

Firma Witte & Lehmann. Nur der Name des Architekten ist unbekannt.

Baudetails wie die Fensterbretter mit grün lasierten Biberschwanzziegeln, Fensterteilungen und Jalousetten sind noch im Original erhalten, teilweise jedoch in schlechtem Zustand. Die Jugendstilfliesen im Hausflur nehmen die rote Klinkerfarbe wieder auf. Das Innenleben des Hauses hält noch eine Überraschung parat: Eine schmiedeeiserne Wendeltreppe verbindet alle Geschosse miteinander und diente als Dienstbotenaufgang, über den man direkt in die Küchen und bis zum Trockenboden gelangte. Wie praktisch!

→ Prenzlauer Allee/Ecke Raabestraße, 10405 Berlin

DISTELN

Disteln, Wiesenschaumkraut, Herbstzeitlose, Veilchen, Efeu und Klee visualisieren das »Keimen, Sprießen, Blühen als Plädoyer für eine sich entfaltende schöpferische und soziale Vitalität« (Norbert Wolf), die für den Jugendstil typisch ist. Viele von ihnen gehören zur Kategorie »Unkraut«, trotzdem eignen sich ausgerechnet diese in der Kunst kaum vorkommenden Pflanzen für den Blumenkosmos des Jugendstils aufgrund ihrer fragilen Anmutung. Unter dem Überbegriff »Distel« finden sich fast zwanzig verschiedene Pflanzen, die wahlweise kleine oder große, gelbe, blaue, rosafarbene, rote oder sogar blaue Blüten haben. Die Distel gilt als stand- und wehrhaft, da sie, auch wenn sie abgeschnitten wird, ihre Form nicht verändert. Im Jugendstil wird ihr eine eigene Bedeutung zugewiesen: Sie soll dämonische Mächte abhalten und eignet sich daher nicht nur als Fassadenornament, sondern auch als Fliesenmotiv in Hauseingängen.

BACCHUS GRÜSST AUS DEM ZYLINDRISCHEN TURM

»Das Scheunenviertel ist die letzte Altstadt von Berlin« (Rainer Haubrich). In diesem historischen Viertel ist die von Gustav Lanzendorf errichtete Essig- und Senffabrik erhalten geblieben. Der Fabrikant und Bauherr Otto Heinn gibt den Bau des Geschäfts- und Wohnhauses in der Almstadtstraße 9–11 im Jahr 1902 in Auftrag und führt in den Seiten- und Quergebäuden die Fabrikation des 1840 gegründeten Familienunternehmens in die nächste Generation. Das aufwendig gestaltete Vorderhaus mit Pfeilerfassade, gequadertem Erdgeschoss und Rundbogenschaufenstern ist erst kürzlich neu in stilvollem Ocker gestrichen worden. Die zum Produktionsstandort passenden Weinblattmotive und Maskarone an den Erkerbalkonen und über den Rundbogenfenstern kommen so besonders gut zur Geltung. Das zentrale Ornament ist ein von Weinranken umgebenes Holzfass, das von zwei anmutigen Frauen-Maskaronen bewacht wird. Auch die verschiedenen Segmentbogenfenster im obersten Stock und die Blumenfriese unter dem Gesims zeigen Einflüsse des Jugendstils. Die Hofeingänge und -fassaden heben sich mit weiß und türkisfarben glasierten Verblendsteinen von den hellen Ziegeln elegant ab. Der zylindrische Turm mit der Eisenblechtreppe existiert schon, als der Neffe von Otto Heinn 1925 den Betrieb übernimmt und den linken Seitenflügel aufstocken lässt. Ein Bacchus-Maskaron über dem Eingang impliziert die Welt der Triebe und des Rausches, in der Freude und Spaß eine wichtige Rolle spielen. Dass die anderen Balkone heute ohne Ornamentik auskommen, ist auf das Phänomen der Entstuckung zurückzuführen. Die historischen Fassaden sollten geglättet werden, um den Häusern auf diese Weise ein modernes Antlitz zu verleihen.

→ Almstadtstraße 9–11, 10119 Berlin

#HOD
CREW
HEY
NA!

NEUZEITLICHES WARENHAUS

Den Wandel der Berliner Altstadt vom Wohngebiet mit Kleingewerbe zum Verwaltungs- und Geschäftsviertel einer Großstadt dokumentiert das Geschäftshaus der aus Sachsen stammenden Brüder Berthold, Georg und Heinrich Tietz, den Gründern eines Konfektionshauses. Das viergeschossige, vom Architekten Georg Lewy entworfene Ensemble mit ausgebautem Dachgeschoss in der Klosterstraße 64 ist einer der ersten Pfeilerbauten, bei dem ein Stützensystem an die Stelle eines tragenden Mauerwerks tritt. Mit dieser neuen Technik lassen sich Geschäftshäuser mit großflächigen Schaufenstern konzipieren. Das Warenhaus Tietz erfreut sich größter Beliebtheit. Die Klientel setzt sich aus allen Schichten zusammen, angelockt wird sie »mit billigsten Preisen«. Allerdings kann nur in bar gezahlt werden und die Preise sind nicht mehr verhandelbar. Dafür ist Umtausch möglich.

Aber auch die Gestaltung wird geschätzt: Sechs schlanke Pfeiler gliedern die Fassade, die mit typischen Insignien des Jugendstils wie Blumenornamentik, Frauenköpfen, Maskaronen, vertikale Kanneluren und verschiedenen Fenstergrößen und -arten aufwartet. Die Vertikale wird durch den leicht vorspringenden Mittelteil mit geschwungenem Hauptgesims und die üppige florale Ornamentik betont. Die vorgeblendete Sandsteinfassade verleiht dem Warenhaus einen wertigen Glanz und eine große Solidität. Durch die geschwungenen Eingangstore unter dem Fries mit dem Schriftzug »Gebr. Tietz, Annaberg« gelangt man in die beiden mit weißen und grünen Gallischen Kacheln ausgestalteten Innenhöfe, die in ihrem ursprünglichen Zustand erhalten sind. Das 1904–1906 erbaute und 1950 umgebaute Geschäftshaus gehört entfernten, aber ebenfalls zu Bekanntheit gelangten Verwandten der Tietz-Dynastie, die in Berlin große Warenhäuser bauen lassen. Diese werden jedoch im Zweiten Weltkrieg zerstört. Der Name des Gründers HERmann TIEtz wird später zu »HERTIE«.

GEBR TIETZ

1933 muss Familie Tietz aufgrund ihrer jüdischen Wurzeln das Geschäft in der Klosterstraße aufgeben. Nach 1940 zieht eine Heeresstandortverwaltung der Wehrmacht in das exklusive Geschäftshaus, bis nach 1945 das Vermessungsamt die riesigen Hallen nutzt. Heute sind verschiedene Firmen und Coworking-Spaces hier untergebracht. Das Gebiet zwischen der Parochialkirche, der Mühlendammschleuse und der Ruine des Franziskanerklosters ist eines der ältesten Stadtviertel Berlins.

→ Klosterstraße 64, 10179 Berlin

INNENHOF MIT GLASMOSAIKEN

Hinter der schlichten Pfeilerfassade mit paarigen Rundbogenfenstern und Fialen aus Sandstein unter dem Gesims verbirgt sich ein ungeahnt opulenter Innenhof. Durch die nachträglich vergrößerte verglaste Eingangstür kann man von außen in diesen Hof blicken. Diesem glücklichen Umstand und dank der freundlichen Mitarbeiter der Großkanzlei Becker Büttner Held (BBH) findet man sich als Jugendstilfan in einem Paradies wieder. Alle vier Treppenhausachsen dieses Ensembles in der Magazinstraße 15 und 16 sind mit aufwendig ausgearbeiteten Maskaronen als Schlusssteinen mit Löwenköpfen und Wappenschildern aus mehrfarbigen Glasmosaiken ausgestaltet. Diese bedienen sich der Handwerker- und Freimaurerheraldik und verweisen unter anderem mit der Jahreszahl »06« auf das Baujahr 1906. Die Initialen könnten die des Architekten sein, aber dessen Name ist nicht bekannt. Die Glasursteinfassaden der vier Hofseiten sind durch Sandsteineinlagen gegliedert und mit Pflanzenornamenten angereichert.

Der Kaufmann und Bauherr Otto Schloß nutzt das Geschäftshaus mit den einladenden Segmentbogenfenstern im Erdgeschoss für die Unterbringung seines grafischen Betriebs und der angeschlossenen Papierfabrik. Die Magazinstraße erhält ihren Namen 1740 nach dem dort gelegenen Stroh- und Heumagazin, in dem das Futter für die Pferde der Berliner Garnison gelagert wird. Kurz nachdem Otto Schloß sein Unternehmen eröffnet, wird das mit Muschelkalkstein verkleidete Polizeidienstgebäude ein paar Häuser weiter von dem Architekten Paul Graef erbaut. Dort gibt es allerdings keinerlei Jugendstil zu bestaunen, auch nicht im Innenhof.

→ Magazinstraße 15, 10179 Berlin

DIE SÜSSEN TRAUBEN HÄNGEN HOCH

Wer wissen will, warum die schmiedeeisernen Tore mit Tabakpflanzen ausgestaltet wurden und warum an den denkmalgeschützten Gewerbehöfen in der Rungestraße der Name »Josetti« steht, kommt an der Erfolgsgeschichte der Zigarettenfabrik Manoli nicht vorbei. Sie wird von Jakob Mandelbaum im Jahr 1894 gegründet und beschäftigt 1904 bereits 200 Angestellte. 1907 expandiert das Unternehmen in diese Höfe. Manoli-Zigaretten mit ihrer extravaganten Blechverpackung genießen einen Kultstatus. Mit der Marke »Meine Kleine«, die durch eine fliederfarbene Verpackung aufgewertet wird, erlebt die progressive Firma einen Boom. Das Manoli-Unternehmenslogo kann als frühes Beispiel für Corporate Design verstanden werden. Auch die erste elektrische Lichtreklame von Berlin ist 1910 bei Manoli zu sehen. 1921 wird das Unternehmen in eine Aktiengesellschaft umgewandelt und 1924 von Reemtsma übernommen. In Joachim Ringelnatz' Roman »Liner Roma« taucht in den 1920er-Jahren die Redewendung »Der scheint etwas manoli zu sein« in Bezug auf einen verschrobenen Großstadtmenschen auf. 1930 wird die Produktion bei Manoli eingestellt.

Ein ewiger Konkurrent ist die Firma Jasmatzi AG aus Dresden, die 1905 die bereits 1888 von Oskar Josetti gegründete Josetti GmbH mit der Marke JUNO übernommen hat. Auch diese Firma wird vom Reemtsma-Konzern geschluckt und erlebt 1943 ein jähes Ende, als die Produktionsstätte in der Wusterhauser Straße durch Luftangriffe massiv beschädigt wird. Nach der deutschen Teilung wird in den Höfen eine »Ost-JUNO« produziert, die es erst 1983 auf den westdeutschen Markt schafft. 2016 schließt die Firma in der aufgrund ihrer Lage an der Spree seinerzeit Wassergasse genannten Rungestraße ihre Pforten. Glücklicherweise bleiben jeweils zwei Höfe der Gewerbehofanlage, deren Hoffassaden mit weiß glasierten Ziegeln und grünen Ziegelbändern verblendet wurden, erhalten. Die aufwendig gestalteten Josetti-Höfe mit der dreiständrigen Stahlskelettkonstruktion, der vier- bzw. fünfgeschossigen, leicht gekrümmten Fassade werden im vorderen Bereich mit Lisenen und Pilastern rhythmisiert und mit dezenten Jugendstilapplikationen wie Pflanzenornamenten und Maskaronen ausgestaltet. Die zur Spree aufragende Rückseite des hinteren Hofgebäudes wartet jedoch mit einer Phalanx von XXL-Maskaronen und anderer expressiver Ornamentik in Gestalt von zwei Füchsen auf, die versuchen, an die (viel zu) hoch hängenden Trauben zu kommen. Das stellt den Anspruch unter Beweis, den die Zigarettenfabrik an ihre Produkte hat. In den Jahren 2012 und 2022 werden die Höfe aufwendig saniert.

→ Rungestraße 22–24, 10179 Berlin

DIE VISITENKARTE

Erst seit dem Anfang des 20. Jahrhunderts wird auf geschäftlichen Visitenkarten auch das Firmenlogo und die Funktion aufgedruckt. Mancher Geschäftsinhaber lässt die Fassade seines Hauses als Briefkopf verewigen. Mit dieser Architektur-Visitenkarte wird der repräsentative Anspruch eines mittelständischen Unternehmers, sein Empfinden für Qualität bei der Fabrikation im hauseigenen Hinterhofbetrieb unter Beweis gestellt. Hier in der Grünberger Straße 50 residiert Heinrich Hubracht, der Inhaber des Baugeschäfts im Hof. Die opulente, mit hoher Detailschärfe ausgeführte Fassade des Vorderhauses lässt der gelernte Zimmermannsmeister vom Architekten Arnold Knuth im Jahr 1906 entwerfen. In den Proportionen und der Symmetriebetonung ist die neobarock anmutende Fassade einzigartig, schon von Weitem ist sie durch den übergroßen Schweifgiebel zu erkennen. Um sich fortschrittlich zu geben beschließt der Bauherr, dem Stil seiner Zeit Tribut zu zollen. Und so wird die gesamte Fassade in flächige Jugendstilapplikationen gehüllt. Ornamente umspielen die eckigen Fenster, die Rundbogenfenster kommen ohne »Augenbrauen« aus. Das Ochsenauge im Giebelfeld wird umrahmt von einem Lorbeerkranz mit Schleife und einer die Geister beschwichtigenden Fratze. An die Kartusche darüber schmiegen sich zwei Schönheiten: die eine mit Schild und Helm, die andere mit entblößter Schulter und Blüte in der Hand. Akanthus-Schlusssteine zieren in großer Zahl das Gesims und die Giebelunterseite und verleihen dem Ensemble zusammen mit den dramatisch geschwungenen Balkongittern ein neobarockes Gepräge. Auch die Flöte und Geige spielenden Putti im unteren Fassadenbereich sind Anleihen aus früheren Architekturstilen. Der pistaziengrüne Anstrich kommt erst ein Jahrhundert später und wirft die Frage auf, wer eigentlich auf diese verstiegene Idee gekommen ist.

→ Grünberger Straße 50, 10245 Berlin

GREGOR GYSIS FRÜHERE WIRKUNGSSTÄTTE

Dem Architekten Paul Jatzow verdankt die Stadt Berlin fast vierzig Mietshausbauten, die er mit verschiedenen Kollegen zwischen 1898 und 1910 entwirft. Fast alle stehen heute, sofern erhalten, auf der Landesdenkmalliste. Jatzow kommt aus Dannenberg an der Elbe, zieht nach Berlin, wo er 1940 stirbt. Als Hausarchitekt für die Terrain-Gesellschaft Südwesten kann er viele Bauten verwirklichen. Er hat ein Faible für Jugendstil-Insignien wie Spitz- und/oder Schweifgiebel, Loggien mit Segmentbogenfenstern und hochwertige Materialien. Überliefert ist seine Definition der sogenannten »Bauwiche«, dem Grenzabstand zwischen zwei Wohnhäusern, als »Zahnlücken«. An der Frankfurter Allee 84/Ecke Finowstraße konzipiert Jatzow 1905 ein repräsentatives Wohn- und Geschäftshaus im Auftrag der Friedrichsberger Bank. Der fünfgeschossige Eckbau mit drei kleineren und einem großen Schweifgiebel besticht durch ein wuchtiges Rustika-Sockelgeschoss und Erkervorbauten aus unbehauenem Sandstein. Die Gebäudeecke wird durch vertikale Lisenen und eine opulente Kartusche in der Beletage betont. Dabei handelt es sich um einen verschnörkelten »Zierrahmen«, der je nach Architekturstil und Wunsch des Hausherrn wie heutzutage ein Namensschild oder Logo mit bestimmten Motiven ausgestaltet wird. Ein Lichthof erhellt die Eingangshalle. Pflanzen- und Insektenmotive sowie ein Maskaron in großer Höhe vervollständigen das Bild. Im Gegensatz zum dekorativen Jugendstil gehört dieses Bauwerk in die Kategorie Sandstein-Jugendstil. Einige Zeit betreibt Gregor Gysi seine Kanzlei in diesem prächtigen Eckhaus. Im Mai 2018 wird das zu der Zeit noch unsanierte Wohn- und Geschäftshaus im Rahmen der #besetzen-Kampagne nach vorheriger Ankündigung zusammen mit zehn weiteren Gebäuden besetzt, um gegen Wohnungsnot und Verdrängung zu protestieren. Alle Häuser werden noch am selben Tag geräumt. Nach jahrelangem Leerstand beginnen kurz danach die Renovierungsarbeiten. Fast zwei Jahre verharrt das denkmalgeschützte Haus ohne Dach und nur mit einer Plane gesichert. Während der Renovierung stürzt ein Teil des Ziergiebels ein. Der heutige Eigentümer, der Immobilieninvestor Gijora Padovicz, ist in Berlin kein Unbekannter. In den 1990er-Jahren kauft er Immobilien in großem Stil. Viele Gebäude erwirbt er mit Rückübertragungsansprüchen enteigneter jüdischer Hausbesitzer, die er in großen Mengen in Israel abkauft. Er steht stark in der Kritik für seine Sanierungspraktiken.

→ Frankfurter Allee 84, 10247 Berlin

Werbefläche
zu vermieten
30
ZONE
P

66

EICHHÖRNCHEN UND HASE

»Um sich dem Ideal des ›schöneren Daseins‹ und einem organischen Ganzen zu nähern, wird häufig das Ornament verwendet; die weich schwingende Linienführung bildet bevorzugt pflanzliche Formen«, schreibt der Germanist Ingo Leiß. Auf kaum ein anderes Haus in diesem Buch trifft das mehr zu. Eine frühere Bewohnerin dieser opulenten Villa am Wald erinnert sich, dass das Haus zu Repräsentationszwecken in der Forstwirtschaft gebaut wurde, was die floralen Ornamente in Form von Eichenlaub und Pinien erklärt, in die die gesamte Fassade eingewoben zu sein scheint. 1905 wurde sie von August Meißner für den Bankkaufmann W. Spitta entworfen. Ihr Vater habe das Haus den einstmals jüdischen Eigentümern abgekauft und im Anschluss daran auf der rechten Seite einen eingeschossigen Anbau vorgenommen, jedoch mit Hochparterre, um mehr Platz für die Familie zu schaffen. Der ursprüngliche Baukörper besteht aus dem zweigeschossigen Trakt mit Giebel und Holzsprengwerk. Deutlich zu erkennen ist die famose Pflanzenornamentik am linken Wohnzimmerfenster, das von Pinienwedeln umspielt wird. Nach der Wiedervereinigung tauchen unvermutet die ehemaligen Eigentümer auf, aber nur, um das Haus einmal wiederzusehen, da es in einer Publikation erwähnt wird. Und so macht sich heute in aller Ruhe der schönste Fassadenhase von Berlin im Eichenlaub an der Fassade im Wiebelskircher Weg 66 zu schaffen, während ein possierliches Eichhörnchen am rechten Fassadenrand Eicheln knackt.

→ Wiebelskircher Weg 66, 12589 Berlin

»DIE ZEIT DES MINIMALISMUS WIRD IRGENDWANN VORBEI SEIN.«

Sebastian Rost kommt seinem Traum jeden Tag ein kleines Stückchen näher. Seine Leidenschaft sind Stuckornamente, mit denen er in den letzten 30 Jahren unzählige historische Gebäude in Berlin veredelt hat. Ob es das Neue Museum ist, die Staatsoper oder das Berliner Schloss – an seinem Betrieb mit inzwischen 30 Mitarbeitern führt fast keine Restaurierung in der Hauptstadt vorbei. In letzter Zeit sind es aber vor allem die Sanierungen von denkmalgeschützten Jugendstil-Gebäuden, mit denen der gelernte Stuckateur auch schon mal durch kuriose Fassadenfarbe, frei erfundene Ornamente und eigenwillige Goldapplikationen für Furore sorgt. Rost will in seiner Jugend Archäologe werden und macht im Märkischen Museum ein Praktikum. In der DDR wird er nicht zum Abitur zugelassen und kann deshalb nicht auf Lehramt studieren. Beim VEB Denkmalpflege in Ostberlin macht Rost zunächst eine Ausbildung zum Stuckateur. Nach der Meisterprüfung beschließt er, noch eine staatliche Ausbildung zum Restaurator im Stuckateurhandwerk zu durchlaufen. Nach seinem Abschluss 1995 gründet Rost ein Unternehmen und erlebt seitdem, dass Ornamente und Bauschmuck sich immer größerer Beliebtheit erfreuen.

Woraus besteht eigentlich Stuck?
Stuck besteht aus Kalk, Sand und Kalkgips oder Zement. In Berliner Gründerzeitwohnungen findet man meistens Ornamente aus Gips.

Sie arbeiten nach den Statuten der Charta von Venedig? Was ist das?
Die Charta von Venedig aus dem Jahr 1964 gilt als internationale Richtlinie in der Denkmalpflege, in der die Werte und Vorgehensweisen bei der Konservierung und Restaurierung von Denkmalen festgeschrieben sind. Die Charta sowie der ein Jahr später gegründete International Council on Monuments and Sites (ICOMOS) sind das Fundament für den sachgemäßen Umgang mit kulturellem Erbe.

Sie haben von 2003 bis 2012 neben der Tätigkeit als Restaurator an der UDK zusätzlich noch Architektur studiert. Warum?
Ich wollte das Thema von allen Seiten her beleuchten können. Man hat eine andere Glaubwürdigkeit, wenn man selbst Architekt ist, als wenn man Architekten nur beratend zur Seite stehen soll.

Werden Ornamente in der Werkstatt hergestellt?
Ornamente werden in der Werkstatt hergestellt und dann an der Fassade appliziert oder vor Ort modelliert, was deutlich anspruchsvoller ist. Beim Freihandmodellieren steht man auf dem Gerüst und appliziert den vor Ort angerührten Kalkputz großflächig auf die Fassade. Dann nimmt man die zuvor angefertigte Skizze zur Hand und legt sie auf die Masse. Dann füllt man das Ornament an den Stellen auf, an denen man zuvor Schlitze in das Papiermuster geschnitten hat und modelliert mit der Kelle den Rest des Ornaments. Überschüsse werden abgetragen.

Wie teuer ist die Restaurierung von Stuckornamenten?
Das Ornamentieren an der Außenfassade ist aufwendiger und somit teurer. Als Richtwert würde ich mit 300 – 500 Euro pro Quadratmeter Fassadenfläche rechnen.

Was unterscheidet den Steinmetz vom Stuckateur?
Im Unterschied zum Steinmetz ist der Stuckateur additiv tätig, er formt ab und erschafft neue Ornamente.

Sie haben in den letzten Jahren allerlei Preise gewonnen, u. a. den Bundespreis für Handwerk in der Denkmalpflege. Welche Fassade in Berlin ist ihr Lieblingsobjekt?
Richtig austoben konnte ich mich in der Kastanienallee 79, da sich der Hausbesitzer sehr aufgeschlossen gezeigt hat. Für die Fassade habe ich mit der Maus in meinem CAD-Programm das Thema »Garten Eden« neu erfunden. Grimmige Monster machen sich auf die Suche nach der Paradiesfrucht, die ganz oben zu finden ist.

In einem Interview mit dem Ausbildungszentrum Modul e. V. haben Sie gesagt, das Thema Digitalisierung bzw. der 3D-Druck könnte in Ihrem Bereich eine immer größere Rolle spielen. Warum?
Es ist deutlich einfacher, Stuckarbeiten von Drohnen scannen zu lassen und sie dann nachzubauen. Derzeit ist der Prozess aufwendig, da die Stuckelemente abgeformt werden müssen, während man auf einem Gerüst steht. Ornamente könnten auf lange Sicht beliebter und preiswerter werden. Und man kann sie beliebig oft kopieren.

Aber eines der Hauptanliegen des Jugendstils war doch die individualisierte, vom Bauherrn eigens in Auftrag gegebene Fassade. Gibt es dann nur noch uniforme Ornamente von der Stange?

Nein, es geht nicht darum, identische Ornamente zu reproduzieren. Vielmehr kann man ein gelungenes Ornament als Grundform nehmen und dieses dann beliebig verändern bzw. weiterentwickeln.

Könnte man theoretisch die Fassaden der gesichtslosen modernen Gebäude von heute im Nachhinein noch ornamentieren?

Einer unserer Mitarbeiter sagt immer, dass wir auch zum Mond fliegen können (lacht). In unserem Bereich ist nichts unmöglich. Nur die neuen Wärmeschutzverordnungen machen uns Sorgen. Auf gedämmten Styroporfassaden kann man nicht modellieren.

Was ist Ihre Hoffnung für die Zukunft?

Dass die »nackten Kisten« eines Tages aus dem Stadtbild verschwinden und dass stattdessen wieder geschwungene Baukörper mit Fassaden voller Schnörkel, Pflanzen und Tiere so modern und beliebt werden, wie sie es in den Jahren um 1900 schon einmal waren.

SÜDOSTEN

TURMBAU MIT ROSENGARTEN

»Das Dröhnen der Städte und der technisierten Arbeit erschien den Menschen des Jugendstils als ein allgemeiner, erstickender und chaotischer Lärm. Dem Draußen gegenüber vermochte das Ornament einen Gürtel oder Ring zu bilden, dahinein man sich bergen konnte, eine stille Zone, ein ›Reich der Schönheit‹« (Otto Wagner). Im gutbürgerlichen Offiziersviertel in Kreuzberg errichtet der Baumeister und Bauherr August Esmann 1899–1901 dieses imposante, im Inneren jedoch eine große Ruhe ausstrahlende Doppelmietshaus im romantischen Stil. Die Betonung des Dachs mit doppelgeschossigen Türmen, mit Fialen und Bogenfriesen machen mehrere Gebäude in der Yorckstraße zu einem städtebaulichen Statement. Vor allem sticht die Hausnummer 81 hervor mit dem polygonalen Turmaufbau und der mit hellen Ziegeln und cremefarbenen Putzflächen gestalteten Fassade, die den sogenannten Klinker-Jugendstil ins Spiel bringt. Das Baujahr 1900 ist über der zentralen Segmentbogenloggia mit dem Balkon vermerkt, der aus einzelnstehenden Rosen gemauert ist. Zwei kleine Spitztürmchen umspielen das Brüstungsfenster am Balkon, sie scheinen von zwei niedlichen Eulen beäugt zu werden. Allerlei Blumen, die der Designer Henry van de Velde nicht umsonst als »Augen der Erde« bezeichnet, sind über die Fassade verteilt. Und nicht nur dort. Im Treppenhaus des Nebenhauses Nr. 82 sind noch originale Buntglasfenster mit üppigen Blumenkreationen zu bestaunen. Die Rosen sehen nach einer Überarbeitung frischer aus denn je. Die mittigen Fensterscheiben werden wie so oft im Zweiten Weltkrieg zerstört und dann ersetzt. Während die Rosen oben noch im Original vorhanden sind, wird das Fenster im unteren Teil mit anderen Blumen von der Glaserei Hentschel in demselben Stil ergänzt. Auf der linken Fassadenseite taucht ein See mit Seerosen auf, der von einer grimmigen Männerfratze bewacht wird. Die Balkongitter vor den Rundbogenfenstern im obersten Stock sind mit Ranken gestaltet. Das Ensemble umschließt noch mehrere Seitenflügel und lauschige Innenhöfe, deren Fassaden mit gelbem Backstein verblendet sind.

→ Yorckstraße 81, 10965 Berlin

1901

ROSE

Die Rose hatte immer etwas Magisches. Einer Legende zufolge wächst die Rose ursprünglich nur im Paradies. Nach dem Sündenfall nimmt Eva bei ihrer Vertreibung von dort heimlich eine Rose mit. Ihr Duft und ihre Schönheit sollen einen Abglanz der paradiesischen Süße und Unschuld auf die Erde bringen. Im Altertum ist die Rose das universelle Symbol der Liebe, Freude und Jugendfrische, das in christlichen Kulturen, aber auch im Islam vorkommt. Dort ist die Rose so heilig, dass sie zur Reinigung von Moscheen in Form von Rosenwasser dient. Rosenspuren wurden in den USA in 35 Millionen Jahre alten Fossilien entdeckt. Als Geburtsort der kultivierten Rose vor mehr als 5000 Jahren wird Nordpersien angesehen. Von dort verbreitet sich die Blume bis nach Mesopotamien, wo sie zur Herstellung von Parfüm verwendet wird. Homer erwähnt Rosen in seinen Werken Illias und Odyssee. Als Symbol für erhabene Schönheit interpretieren auch die Jugendstilarchitekten die Rose. Ein stilisiertes, fast kreisrundes Rosenblütenmotiv, das man in Berlin an Fassaden oder auf Buntglasscheiben findet, schafft Charles Rennie Mackintosh, einer der Hauptvertreter der englischen Arts-and-Crafts-Bewegung, die den Jugendstil wesentlich beeinflusst. Als Motiv auf im Hausflur angebrachten Jugendstilfliesen steht die Rose bis heute für Verschwiegenheit.

BUNTGLASFENSTER – DIE BLEIVERGLASTE BÜHNE

Farbglasfenster erleben um 1900 eine Renaissance und präsentieren sich als bleiverglaste Bühne an der Grenze zwischen Außenwelt und Innenwelt. Die Mosaikverglasung ist eine der großen technischen Neuerungen des Jugendstils und löst die herkömmlichen Glasgemälde ab, deren Farbigkeit mit dem Einbrennen von Emailfarben erreicht wird. Der dekorative Effekt der neuartigen Buntglasscheiben ergibt sich aus dem Verlauf der nicht mehr rasterförmig angeordneten, sondern an die Motive angepassten Bleistege. Mit dieser neuen Technik ist die Umsetzung jedes gewünschten Motivs möglich, die Gläser stabilisieren sich durch Bleiruten. Florale Elemente, filigrane Muster und die Befreiung von Symmetrien – all das zeichnet Jugendstil-Glasscheiben bis heute aus. Beliebt sind Bleiverglasungen von Ovalfenstern über den Eingangstüren

oder in Treppenhäusern, da sie nicht nur Licht, sondern auch eine schöne Lichtstimmung in den Hausflur bringen. Farbige Glasfenster gelten bis dato als Luxus, den sich nur kirchliche und öffentliche Institutionen leisten können.

Fenster spielen im Jugendstil eine große Rolle, wenn man bedenkt, dass gerade die vielen verschiedenen Fensteröffnungen der Fassade ein typisches Merkmal dieses Stils sind. Allerdings kann man durch die bunten Scheiben nicht nach drinnen, aber auch nicht nach draußen sehen. Das passt zu dem hermetischen Ansatz, der dem Jugendstil nicht fremd ist. Im Gegensatz zu den in großer Zahl noch vorhandenen Jugendstifliesen gibt es heute nur noch wenige im Original erhaltene Buntglasfenster in Berlin. Vor allem die größeren, mittig angeordneten Scheiben haben dem Bombenhagel selten standgehalten.

SCHÖNHEIT UND SCHRECKEN IM JUGENDSTIL

Streng genommen handelt es sich bei den beiden identischen Mietshäusern in der Gneisenaustraße 44 und 45 mit den gebrochenen Satteldächern, den rechteckigen Erkern und den Dreiecksgiebeln nicht um ein echtes Jugendstilensemble. Das überbordende Stuckdekor ist jedoch dem dekorativen Jugendstil zuzuschreiben. Die Erkerfronten sind mit einem Baumeisterwappen aus Zirkel, Hobel und Dreieck ausgestaltet, vermutlich die Insignien der im Hinterhof ansässigen Bautischlerei, die heute noch von Nachfahren geführt wird. Überdies findet sich an beiden Fassaden sorgfältig ausgearbeiteter Eichen- und Kastanienschmuck. Wiederkehrende Pflanzenmotive wie etwa Disteln, Sonnenblumen und Rosen machen die Fassaden zu einem Eldorado für Botanik-Freunde. Über der Haustür von Nummer 45 empfängt den Besucher ein Jüngling mit Disteln im Haar, die Augen schreckgeweitet und der Mund aufgerissen. Hausnummer 44 begrüßt Gäste dagegen mit einem Frauen-Maskaron mit engelsgleichem Gesicht, Strahlenkranz und Sonnenblumenfrisur. Das Schöne neben dem Schrecken – auch das ein untrügliches Merkmal von Jugendstilornamentik. Die Buntglasfenster im Treppenhaus sind erhalten geblieben. Auch die Jahreszahl der Einweihung »1900« steht noch an der Hauswand. Als Architekt dieses symmetrischen, sowohl von Krieg als auch von exzessiver Entstuckung verschonten Ensembles tritt Arnold Kuthe auf, ein gelernter Maurermeister, der sowohl das Doppelhaus als auch die Fabrik für die Tischlerei Grün und Hettig im Jahr 1899 entwirft. Die über eine Toreinfahrt erschlossene Etagenfabrik ist in Teilen in Skelettbauweise mit Stahlstützenreihen errichtet, die größere Fensterflächen und eine vielfältige Nutzung zulassen. Die Kombination aus herrschaftlichem Wohnhaus und einer Fabrik im Hof ist ein typisches Berliner Phänomen in der Zeit um 1900.

→ Gneisenaustraße 44–45, 10961 Berlin

Erbaut
1900.
44

SEEROSE

Pflanzen und Tiere mit Wasserbezug sind im Jugendstil besonders beliebt. Die auch als Wasserlilie bezeichnete Seerose mäandert im Limbo zwischen Erde, Wasser und Luft. Die losgelöst schwebende Blume der Nymphen wächst aus dem meist dunklen Wasser, sie umgibt eine Ahnung von unberührter Natur. Seerosen stehen für tiefgründige Schönheit und geheimnisvolle Gefahr und werden mit der mystischen Stimmung von Teichlandschaften verbunden – der Sagenwelt der Elfen, Feen und Faune. Das Öffnen und Schließen der Blüte und die schwimmenden Blätter auf der Wasseroberfläche strahlen Ruhe und Entrücktheit aus. 1890 gelingt es, Seerosen mit farbigen Blüten zu züchten, sodass das Farbspektrum im Jugendstil auch Gelb, Pink und Tiefrot umfasst. Weiße Seerosen stehen nach wie vor für Reinheit und Erleuchtung. Im Jugendstil symbolisiert die Seerose alles lebendig Organische. Kein Hersteller von Jugendstilfliesen kommt ohne ein Seerosenmotiv in seinem Portfolio aus. Meist sind zusätzlich Schilfpflanzen, Schwäne und Libellen auf den Fliesen abgebildet. In Berlin ist die anmutige Blume auch als Fassadenornament zu entdecken.

THEATERBAU DER EXTRAKLASSE

Die Berliner Theaterbühnen der Kaiserzeit sehen sich strengen Sittenkontrollen ausgesetzt, die es nahezu unmöglich machen, moderne Stücke von Dramatikern wie Ibsen oder Strindberg zu spielen. Im Frühjahr 1889 schließen sich junge Berliner Autoren und Regisseure zu einem Verein mit dem Namen »Freie Bühnen« zusammen, der schon nach einem Jahr über eintausend Mitglieder zählt. Die Vereinsaufführungen finden fortan nur noch für diese statt – so entgeht man der Zensur. Daraus entwickelt sich eine eigene, von Skandalen begleitete Theaterszene.

Den Bauauftrag für diesen eigenwilligen, monumentalen Theaterbau in der Stresemannstraße 29 erteilt 1906 der ungarische Regisseur Eugen Robert Weiss. Ein Architektenteam um den Theaterbaumeister Oskar Kaufmann, der auch für den Bau der Volksbühne verantwortlich ist, entwirft das Hebbel-Theater. San Micheli Wolkenstein, Albert Weber und G. Heinersdorf schaffen dieses massive Bauwerk aus mehreren ineinander geschobenen Volumina mit einer expressiven Werksteinbossierung und zwei Giebelarten. Die rundgeführte Fassade des zentralen Korpus zur Stresemannstraße ist mit vertikalen Fensterbahnen ausgestaltet und schließt mit einer Balkonbrüstung ab. An das stilisierte Giebelfeld schließt sich auf der rechten Seite eine zunächst kaum sichtbare Fratze als Dachabschluss an. Für die Bildhauerarbeiten ist Hermann Feuerhahn verantwortlich. Der schlichte, im Jugendstil häufig als durchlaufendes Gestaltungsmittel eingesetzte Giebel thront über Dreierfensterreihen und einer ovalen Fensterreihe darüber, analog zur Hauptfassade. Im Gegensatz zur hermetisch wirkenden Fassade offenbart sich ein einladender Innenraum mit 800 Sitzplätzen, zwei Rängen und einer Drehbühne. Auffallend sind die aufwendigen Holzvertäfelungen aus Mahagoni, Birken- und Palisanderholz. Im Zweiten Weltkrieg wird der heute als Prototyp des deutschen Jugendstils angesehene Bau nur leicht beschädigt und erscheint nach einigen temporären Eingriffen heute wieder fast in seiner ursprünglichen Gestalt.

→ HAU Hebbel am Ufer, Stresemannstraße 39, 10963 Berlin

DAS BEWEGTE BILD UND DER BEWEGTE STIL

»Das ausgehende neunzehnte Jahrhundert brachte der Welt zwei Neuigkeiten: das Kino und den Jugendstil« (K. J. Sembach). Was sie verbindet, sind das Mitteilungsbedürfnis und der Wunsch nach Popularität. Bildmächtig ist das Kreuzberger Jugendstilgebäude in der Zeughofstraße 20 schon seit seiner Erbauung im Jahr 1902. Weniger bekannt ist, dass im Hinterhofgebäude über dreißig Jahre lang bewegte Bilder gezeigt werden.

Der Architekt Paul Ueberholz entwirft ein gehobenes, fünfgeschossiges Mietshaus mit ausgefallenem Fassadenschmuck und Anleihen aus dem Wiener Jugendstil. Im Knickschweifgiebel thront ein Maskaron. Frauenköpfe, Pflanzenornamente und Reliefs schmücken die mit Pfeilern betonte dreigeschossige Erkerachse im Mittelteil. In den Hof gelangt man durch ein riesiges schmiedeeisernes Tor, das einer der Stuckateure, der gerade mit der Erneuerung des Stucks beschäftigt ist, nur ungern öffnen will. Das Fabrikgebäude der früheren Klaviermanufaktur des Eigentümers Carl Laurinat bietet von 1985–2018 einem der letzten Programmkinos von Berlin, dem Eiszeit-Kino, eine Heimstatt, nachdem unter anderem in den 1920er-Jahren die Metallwarenfabrik Bornmann und in den 1940er-Jahren die Schokoladenfabrik Konko hier logiert haben. Stilistisch hebt sich die Etagenfabrik mit einem Quer- und zwei Seitenflügeln inklusive Remise in gelbem Sichtmauerwerk von der weißen Putzfassade des Vorderhauses ab. Die Brüstungsfelder nehmen die Stuckreliefs wieder auf und zeigen aufwendig restaurierte Motive. Auch die Pfeiler

der stützenlos angelegten Gewerbeflächen sind liebevoll mit Baudekor ausgestaltet. Ende der 2000er-Jahre wird es für Kino-Betreiber Burkhard Voiges immer schwieriger, sich gegen die Multiplex-Kinos durchzusetzen, sodass er schließlich aufgeben muss. Zwischenzeitlich zieht er mit dem Kino sogar in das Vorderhaus und erweitert es auf drei Säle. Entgegen der Absprache übernimmt der in München lebende Besitzer die Umbaukosten jedoch nur in Teilen. Letztlich wird Voiges aufgrund von Mietschulden gekündigt. »Wir haben in den letzten Jahren alles versucht, um diesem einzigartigen Kino eine langfristige Perspektive zu ermöglichen«, heißt es auf der Website. Und so verwundert es nicht, dass Gäste im Durchgang hinter dem Tor auf ein Graffiti stoßen, das den Schriftzug »Eiszeit Kino« um einen Spruch ergänzt: »Die Seele brennt und im Herz'n Eiszeit.«

→ Zeughofstraße 20, 10997 Berlin

DIE VERTREIBUNG AUS DEM PARADIES

Die Wohnhausgruppe mit den Hausnummern 5, 7 und 9 im Stadtteil Oberschöneweide entwirft der lokale Architekt Max Stutterheim zwischen 1903 und 1907. Da er auch als Bauherr in Erscheinung tritt und ein großer Jugendstilfan ist, verwirklicht er hier seinen Garten Eden, nachdem er viele Jahre mit seinem eigenen Baugeschäft erfolgreich für andere Auftraggeber gearbeitet hat.

Das Hauptaugenmerk liegt auf dem asymmetrischen, fast noch im Original erhaltenen viergeschossigen Ensemble mit der Hausnummer 5, in das Stutterheim schließlich selbst einzuziehen gedenkt. Ein zentraler Erker wird zur Linken flankiert von großen, individuell gestalteten Loggien. In der Eingangsachse ist nicht nur das Monogramm des Architekten, sondern auch ein Jugendstilrelief zu sehen, auf dem Adam und Eva in einen abstrahierten Apfelbaum greifen. Auf einem zweiten Relief an der unteren Erkerseite verbleibt allerdings nur noch der Apfelbaum, da Adam und Eva aus dem Paradies vertrieben worden zu sein scheinen. Als Konsequenz lässt Stuttenheim das Paradies am und im ganzen Haus wieder auferstehen. Der Erker ist nicht nur mit Blumenornamenten geschmückt, sondern auch mit drei Masken am höchsten Punkt. Zu sehen sind zwei ebenmäßige Jünglinge mit volutenhaftem Blumenschmuck im Haar auf der linken und rechten Erkerecke. Die »blinden« Augen stehen im Jugendstil für irritierende Magie, sie sollen verborgene Welten erahnen lassen. Das mittige, als Kontrapunkt gedachte Nussknackergesicht bringt Bewegung auf die Fassade. Am untersten Balkon versucht ein Frauen-Maskaron gegen so viel geballte Männlichkeit anzukommen.

Die Gestaltung der Hofseite ist, von dem eigenständig als Jugendstildenkmal ausgewiesenen Ateliergebäude einmal

abgesehen, dem rustikalen, romantischen Heimatstil zuzuordnen, für den der Materialwechsel zwischen Backstein, verputzten Flächen und Fachwerk typisch ist. Das Entrée mit einem schmiedeeisernen Geländer aus Pinienwedeln und aufwendiger Holztreppe atmet den Geist der Jahrhundertwende. In den oberen Wohnungen sind noch Originalfliesen erhalten. Auch ein Kachelofen mit der Inschrift »Pflegst Du mich, wärm ich Dich« existiert noch. Die Formenwelt des Jugendstils setzt sich im gesamten Wohnhaus fort. Bei der Renovierung haben die beiden Nachbargebäude einschließlich ihrer Seitenflügel ihre Originalfassade eingebüßt. An den rundgeführten Balkonen und dem Holzerker kann man den ursprünglichen Jugendstil noch erkennen.

→ Helmholtzstraße 5, 12459 Berlin

MORGENGLÜHEN UND ABENDROT

»Der Jugendstil zeugt von der Ingeniosität und dem Reichtum der ›Welt von gestern‹, wie sie Stefan Zweig beschrieben hat« (Karl Schlögel). Unvermutet taucht in Niederschöneweide zwischen Spree und Grünauer Straße diese Welt von vor 100 Jahren in Form eines großflächigen neobarocken Giebelreliefs wieder auf. Hier stehen sich die Allegorien des Morgens – mit Sonnenaufgang und erblühendem Baum – und des Abends – mit Sonnenuntergang und verwelkendem Baum – gegenüber. Zwei ebenmäßige Schönheiten verfolgen den immer wiederkehrenden Wandel der Tageszeiten. Georg Siebert erschafft als Architekt (und Bauherr) dieses viergeschossige, zehnachsige Wohn- und Geschäftshaus mit Seitenflügel im Jahr 1907 in der Schnellerstraße 40 und legt dabei besonderen Wert auf qualitätsvolle Jugendstilmotive, die heute vornehmlich im Giebel und im zentralen Fassadenbereich zwischen dem zweiten und dritten Stock als Reliefs zu finden sind. Eine weibliche Figur mit langem Gewand und Blumenkrone spielt die Lyra; sie scheint von zwei Löwenköpfen getragen zu werden. Typisch für den Jugendstil sind auch die floralen Ornamente, die die mystische Gestalt umranken. Die aufgeputzten Oberflächen werden auf vielerlei Arten variiert. Im unteren Bereich sollen scharrierte Werksteine imitiert werden, im dritten Geschoss schmücken vorgeblendete Rundbögen die Fenster. Der Rauputz der Blendfelder im vierten Stock gibt Rätsel auf. Waren hier weitere Reliefs zu finden, die nicht mehr erhalten sind? Über der Haustür begrüßt ein Drache die Ankommenden. In der europäischen Tradition verkörpern Drachen das Böse. Da sich aber der Jugendstil von asiatischer Kunst inspirieren ließ, verschiebt sich auch die Bedeutung des Drachensymbols. In China gilt der Drache bis heute als das Glückssymbol schlechthin.

→ Schnellerstraße 40, 12439 Berlin

DIE FIDELE APOTHEKE

Im Stadtteil Altglienicke ist dieses schneeweiße Haus in der Grünauer Straße 7–8 mit Abstand das besterhaltene Jugendstilgebäude. Der opulente viergeschossige, um einen zentralen viereckigen Turm konzipierte Eckbau sprengt auch heutige Maßstäbe. Es sind vor allem die beiden massiven Halbskulpturen, die den Eingang an der abgeschrägten Gebäudeecke betonen. Seit 1920 gibt es hier die Normannen-Apotheke. Diese war ursprünglich eine typische Berliner Eckkneipe namens »Zum fidelen Zecher«. Seit der Sanierung im Jahr 1996 steht das wieder in den Original-Lettern über dem himmelblau gestrichenen Portal. Kein Wunder, der Bauherr ist ein Gastwirt namens Wilhelm Rabe. Um ein Alleinstellungsmerkmal unter den fast 30 Eckkneipen in Altglienicke zu haben, lässt Rabe sogar eine Kegelbahn einbauen.

Viel Liebe zum Detail legt der Architekt Otto Wolter bei der gesamten Fassadengestaltung an den Tag. Jedes Fenster wird von Pflanzenornamenten, Voluten und/oder Girlanden umrahmt. Der zentrale Turm zeigt ein nierenförmiges Fenster, das von einem Maskaron und einem Knabenkörper umspielt wird. Im Brüstungsfeld darunter taucht das Baujahr »1906« unter einer Girlande auf. Eine Eule in Eichenlaub wacht ganztägig über das Haus. Die Löwen-Maskarone sind eher eine Reminiszenz an frühere Architekturstile. Dass es im Originalentwurf noch zwei Schweifgiebel links und rechts von dem Turm gegeben hat, sieht man auf einem Ölgemälde, das die Künstlerin Ulrike Haseloff nach einer Postkarte angefertigt hat und das in der ebenfalls noch in Teilen mit Jugendstilmobiliar ausgestatteten Apotheke hängt. Das Planungsbüro Bathke aus Berlin hat das Interieur 2021 mit dem Ziel der Verdoppelung des Verkaufsraums restauriert, umgebaut und mit historischen Zitaten wie etwa einer Gusssäule ergänzt.

→ Grünauer Straße 7, 12524 Berlin

SOMMERHAUS SPÄTER

In die 1888 neu gegründete Villenkolonie Neu-Marienfelde im heutigen Stadtteil Tempelhof-Schöneberg zieht es vor allem wohlhabende Berliner mit einer ausgeprägten Sehnsucht nach Ruhe. Der Architekt Bruno Möhring, nach dem später die Straße benannt wird, erbaut mit der Hausnummer 14b 1904 für sich und seine Familie ein beschauliches Sommerhaus, das man an dem schwungvollen, mit Holz verkleideten Giebel mit tief heruntergezogenem Bogendach schon von Weitem erkennt. Jugendstil meets Landhausstil. Das asymmetrische Mansarddach setzt sich von dem hellgrau verputzten Unterbau des Wohnhauses wohltuend ab. Das Spitzbogenfenster im Giebel ist viergeteilt, der Erker im Erdgeschoss mit drei Fenstern ausgestaltet und von innen mit Kupfer ausgekleidet. Der Wintergarten wird nachträglich angebaut, als Möhring, der zwar in der Potsdamer Straße sein Büro hat, dann doch mehr Zeit als gedacht in Marienfelde verbringt. Möhring macht seinem Ruf alle Ehre, da er auch in seinem eigenen Haus traditionelle Materialien und Motive mit neuartigen Formen kombiniert. Die Ausstattung im Jugendstil ist fast vollständig erhalten geblieben.

Bruno Möhrings Name wird auf Anhieb mit dem Berliner Jugendstil assoziiert. 1863 in Königsberg geboren, studiert er an der Technischen Hochschule Charlottenburg Architektur. Mit dem Großauftrag, die Rheinbrücke zwischen Bonn und Beuel zu konstruieren, beginnt Möhrings steile Karriere. Wie später bei dem Entwurf der Dortmunder Zeche Zollern experimentiert er mit der Verformung und Dekoration von aufwendigen Eisenkonstruktionen. Seine Jugendstilphase lebt Möhring vor allem in Traben-Trarbach an der Mosel aus. Der Moselwein zieht die Hautevolee und finanzkräftige Auftraggeber aus ganz Deutschland in das kleine Städtchen. Und so finden sich dort an einem der einstmals größten Weinhandelsplätze des Kaiserreichs heute acht einzigartige Jugendstilbauten von Möhring. Der prominente Baumeister »aus Berlin« hinterlässt das Jugendstilhotel »Bellevue«, das noch heute die erste Adresse am Platz ist, während seine Moselbrücke in den letzten Kriegstagen 1945 gesprengt wird. Diverse Ausstellungsbauten in Paris, Turin, St. Louis und Buenos Aires bescheren Möhring einen Ruhm, der weit über die Grenzen Deutschlands hinausgeht. Er beschäftigt sich mit Architekturtheorie, erhält diverse Auszeichnungen und tritt als Herausgeber der Zeitschrift »Berliner Architekturwelt« in Erscheinung.

Möhrings Berliner Bauten, die zumeist erst in den Jahren nach dem Ende der Jugendstilära realisiert werden, fallen eher modern, nüchtern und schnörkellos aus. Für das opulente Mehrfamilienhaus in der Pallasstraße 8–12 in Berlin bleibt Möhring im Jahr 1896 beim historistischen Bauschmuck und Entwurf. Von der im Jugendstil eingerichteten Rheineck-Apotheke in Steglitz ist heute nur das Interieur erhalten geblieben, der Apothekenbetrieb wird allerdings 2023 eingestellt. Im Jahr 1900 realisiert er nicht nur den Bau einer Haltstelle der Wuppertaler Schwebebahn, sondern auch einen Berliner Hochbahnhof, von dem die Nachwelt träumt. Die prächtigen Frauenmosaike an den Sandsteinpylonen des U-Bahnhofs Bülowstraße kennt jeder, der auf das Thema Jugendstil in Berlin angesprochen wird. Die 1905 fertiggestellte Swinemünder

Brücke im Ortsteil Gesundbrunnen wird ebenfalls nach Plänen von Bruno Möhring entworfen und ist heute ein gelistetes Baudenkmal. In Marienfelde findet er in einem Ehrengrab 1929 seine letzte Ruhe. Bruno Möhring als »den Berliner Jugendstilarchitekten« zu bezeichnen, ist nur bedingt richtig. Wahr ist, dass er an vielen verschiedenen Orten seine Spuren und Jugendstilinterpretationen hinterlässt und in seinem Fach ein absoluter Ausnahmekünstler ist. Zu den bedeutendsten Architekten des Jugendstils in Deutschland zählt er unbestritten.

→ Bruno-Möhring-Straße 14b, 12277 Berlin

LUISENSTÄDTISCHER FRIEDHOF

Gleich mehrere einzigartige Jugendstilgräber sind auf dem größten historischen Gemeindefriedhof von Berlin an der langen Mauer parallel zur Züllichauer Straße zu finden. Das schönste Ensemble ist die Grabstätte der Familie Biedermann, die in Form eines Alkovens mit Gewölbedach einen steinernen Thron freigibt, über dem ein ungeahnter Schatz auftaucht. Ein großflächiges Mosaik in den typischen Jugendstilfarben Mauve, Gold und Pflanzengrün stellt nicht weniger als einen Paradiesgarten dar. Zwei Tauben laben sich am Springbrunnen inmitten eines verwunschenen Gartens, dem Symbol für das wiedergefundene Paradies, an dem die reinen Herzen bzw. die Tauben des Jenseits ihren Durst stillen. Ein über dem Garten Eden zu lesender Vers des griechischen Dichters Menandros aus dem 4. Jahrhundert v. Chr. bedeutet übersetzt: »Wen die Götter lieben, der stirbt jung.« Gemeint ist damit Liza Biedermann, die 1901 im Alter von nur zwanzig Jahren starb. Ein trauernder Mann und eine leidende Frau mit einem nur noch schemenhaft zu erkennenden Reptil um den Hals sind als Sandsteinskulpturen links und rechts von Efeu umrankt zu sehen, während von oben ein Schutzengel über die Szenerie wacht.

→ Südstern 8–10, 10961 Berlin

ΟΝ ΟΙ ΘΕΟΙ ΦΙΛΟΥΣΙΝ ΑΠΟΘΝΗΣΚΕΙ ΝΕΟΣ

SÜDEN

JUGENDSTIL-LEUCHTTURM IN STEGLITZ

Das pompöse, auf einer Anhöhe liegende Eckensemble in der Albrechtstraße 7–8 stammt von Wilhelm Gutzeit. Die Dachzone mit zwei steil aufragenden Spitzgiebeln, einem achteckigen Giebelaufbau und einem Rundbogenerker über Eck macht das fünfgeschossige Mietshaus zu einer Art Jugendstil-Leuchtturm. Auch die weit auskragenden Segmentbogenfenster mit Sandsteinapplikationen, der üppige Skulpturenschmuck und die reich ornamentierten Rundbogenerker verleihen der Fassade eine hohe Plastizität. Schmetterlinge, Echsen und Frösche bespielen zwei Eingangssäulen. Neben der Fratze über dem Haupteingang huschen noch einige Eichhörnchen durch den Blätterwald. Nur wenige Buntglasscheiben mit Blumen haben den Bombenhagel des Zweiten Weltkriegs überlebt. Unvermittelt tauchen sie im zweiten Eingang unter dem Maskaron auf, der hier mit zwei Ankern und zwei Putti festgemacht zu haben scheint. Flügel symbolisieren Musik, Handwerk und Dichtkunst. Ein Putto hat im Laufe der Jahre seinen Kopf verloren. Dafür ist der Originalfahrstuhl aus dem Baujahr 1904 komplett erhalten. Die Blüte des Jugendstils fällt zusammen mit der Einführung des dampfbetriebenen Personenaufzugs in den USA. 1880 erfindet Werner von Siemens den elektrischen Aufzug. Während man in den USA Neubauten mit Fahrstühlen ausstatten kann, müssen sie in Europa in die existierenden Gebäude eingebaut werden. Die schmiedeeisernen, offenen Käfigaufzüge sind in den USA weitgehend unbekannt … und in Europa Jugendstilrelikte der Extraklasse.

→ Albrechtstraße 7–8, 12165 Berlin

ER BAUT
1904
7
Coreana
Coreana

TÜRME UND GIEBEL

Dass Dörfer Dächer haben und Städte Türme, ist ein bekanntes Phänomen. Im Jugendstil kehren die in anderen Epochen beliebten Türmchen zurück, die die Dominanz der horizontalen, oftmals hermetisch wirkenden Dachzone architektonisch aufbrechen sollen. Der ländliche Charakter von Walmdächern oder Giebeln wird zu einem wichtigen Stilmerkmal. Neu sind vielfältige Turmformen, Turmerker und eine asymmetrische Verteilung der Türme auf einem modifizierten Mansarddach. Eckkompositionen mit Erkern, die über die Dachtraufe zu Türmen hochgebaut werden, sind auch sehr beliebt. Ecktürme spielen auch stadtplanerisch eine wichtige Rolle, weil sie die Straßen rhythmisieren. Turmaufbauten werden auch »Hypothekentürme« genannt: Sie werten das betreffende Bauwerk auf und steigern somit den Beleihwert einer Immobilie. Auch Schweif- und Schildgiebel, ein typisches Merkmal der deutschen Renaissance, erleben ein Comeback.

In der Antike gelten (Tempel-)Giebel als Motiv des gehobenen Stils. Nicht selten ragen Giebel mit konkaven oder konvexen Schweifungen wie eine Kulisse über das Dach hinaus. Giebelfelder sind eine beliebte Dekorfläche im Jugendstil. Dort finden sich ornamentale (meist florale) Dekore aus Putz, Ziegel oder Stuck. Eine heute noch im Stadtbild von Berlin zu sehende Besonderheit sind die Fachwerkgiebel. Sie gelten als romantische Reminiszenz an den »deutschen Stil« (teutonischer Stil). In Fachkreisen ist dieses Stilmittel als Streichholzfachwerk bekannt.

NEOBAROCK MIT JUGENDSTIL

An diesem mit vier Spitzgiebeln und einem opulenten Eckturm ausgestalteten Eckmietshaus in der Schloßstraße 26 erkennt man, dass der Jugendstil in Berlin Wandlungen unterworfen ist und gegen Ende zu einer eher schlichten Form des Neobarock wird. Dessen Einflüsse erkennt man vor allem an den sogenannten »Augenbrauen«. Das sind Giebel über den Fenstern, die in dreieckiger oder gebogener Form auftreten und die Fassade beleben. Im Jugendstil findet man sie kaum. Der Bauherr und Maurermeister Robert Metzger entwirft 1901 dieses eindrucksvolle Ensemble mit organisch-fließenden Formen und voluminösen Baumassen. So wechseln sich helm- und giebelbekrönte eckige Erker mit Rundbogenloggien und Balkonen ab. Die florale Ornamentik, die ebenmäßigen Frauen-Maskarone und die grün schimmernden schmiedeeisernen Gitter der Balkone und Türen stehen in Kontrast zu der edlen, beigefarben gestrichenen Fassade und erinnern an den Wiener Jugendstil. Apfelbaumzweige, Kastanienblätter und Tulpenblüten werden fein ausgearbeitet. Selbst die »Ochsenauge« genannten ovalen Rundbogenfenster in den Schweifgiebeln sind liebevoll mit Flachornamenten in Form von Fratzen verziert. Und wo ist die Eule, die das Haus vor allem bei Nacht vor bösen Eindringlingen beschützt? Genau, sie hockt zwischen zwei streng aussehenden Frauenköpfen auf der linken Frontseite, während das grimmigste Nussknackergesicht auf der anderen Fassadenseite thront.

→ Schloßstraße 26, 12163 Berlin

WITTSTOCK
WITTSTOCK

RASENMÄHER MIT SOZIALGESCHICHTE

Dieses Haus in der Schloßstraße 32 wurde auf originelle Art und Weise und mit einem Augenzwinkern saniert. Über die in hellem Grau mit weißen Ornamenten gestaltete Fassade huschen kleine Fratzen als Flachornamente, die die Balkone zu bewachen scheinen. Acht ungewöhnlich modern wirkende, androgyne Maskarone ohne Haarpracht, dafür mit faltiger Stirn, vollen Lippen und riesigen Augen dominieren den oberen Fassadenbereich. Drei vorspringende Erker, die über verputzte Balkone auf geschwungenen Konsolen miteinander in Verbindung stehen, große Rundbogenfenster im dritten Stock und elegante Rundbogenloggien verorten das Zehlendorfer Baudenkmal zweifelsfrei im Jugendstil. Es sind aber nicht nur die Bauvolumina mitsamt der einen noch erhaltenen Erkerkuppel, die dieses Mietshaus mit Ladenlokal zu einer Augenweide machen. Entworfen wird es von Franz Pomplun 1906–1907. Die Fassadengestaltung übernimmt die Firma Patrzek & von Januszkiewicz für den Bauherrn C. van der Smissen, Inhaber der Handelsgärtnerei und Samenhandlung im Erdgeschoss. Darauf verweist auch das Gießkannenwappen mit einem adretten Herrn aus Stuck, der einen Spindelrasenmäher in der Hand hält. Bevor Anfang des 20. Jahrhunderts der erste motorbetriebene Rasenmäher entwickelt wird, existiert nur dieses altertümliche, handgeführte Modell mit einer rotierenden Spindel.

Die Wappenreliefs im ersten Stock dokumentieren die Sozialgeschichte des Hauses. Ein Wappen auf der rechten Fassadenseite zeigt die Insignien von Merkur mit Ruderboot und eine Dampflokomotive, allesamt Symbole des (Außen-)Handels. Das Ensemble schließt mit einem ornamentierten ovalen Fenster im mittleren Erker ab. Girlanden, Lorbeerkränze und Rosenranken stellen den künstlerischen Wert dieses Hauses an der belebten, jedoch nicht zum Flanieren einladenden Schloßstraße unter Beweis.

→ Schloßstraße 32, 12163 Berlin

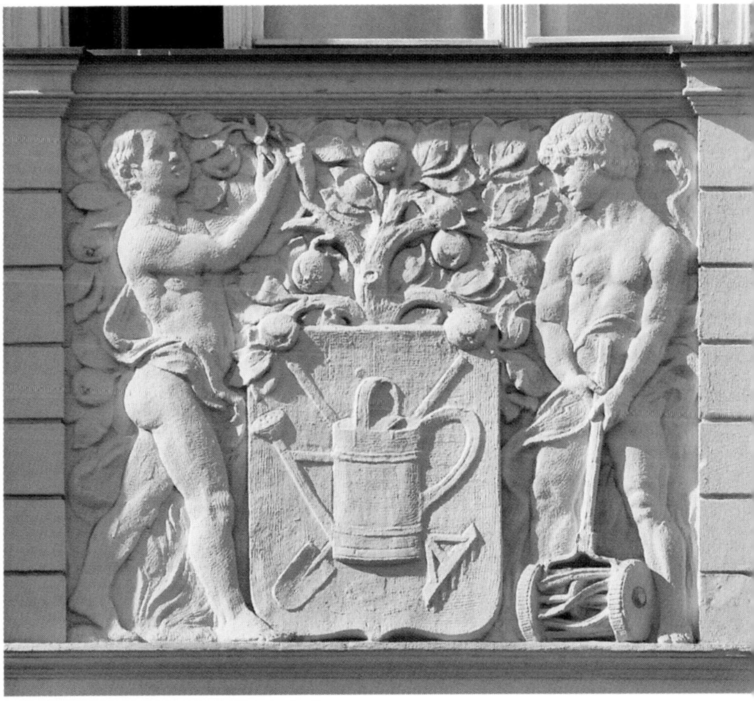

ART NOUVEAU MEETS ART DÉCO

Der dekorative Jugendstil ist in der Zimmermannstraße 33 in einer ungeahnten Vollendung zu finden. Die gesamte Fassade des viergeschossigen Mietshauses in dieser ruhigen Wohngegend in Steglitz ist mit den unterschiedlichsten Blumenornamenten dekoriert. Bereits der Originalentwurf verfügt über diesen Schmuck; das von dem Architekten Rudolf Krölke mit zwei Standerkern entworfene Gebäude wurde jedoch kürzlich neu gestrichen. Und so wirken die mit Rosen und Sonnenblumen ausgestalteten Balkonfelder oder das mit Kastanienlaub und Apfelzweigen verzierte Gesimsband über dem ersten Stock wie gerade erst auf die Fassade aufgetragen. Auch die in den Weinreben hockenden Vögel verleihen dem Ensemble eine eigenwillige Lieblichkeit.

Der Mauerwerksbau wird schon 1902 für den Bauherrn Richard Furch mit dieser aufwendigen Stuckornamentik in Auftrag gegeben. Die Balkonfelder im obersten Stock weisen Art-déco-Blumen in Form von Voluten auf, die als extravagante Ergänzung und Vorboten einer neuen Zeit einzuordnen sind. Die eckigen Bauvolumina verorten den Bau nicht im Jugendstil, aber die Segmentbogenloggien mit vorkragenden Brüstungen und das Rundbogenfenster im nach dem Krieg abgewandelt wiedererrichteten Giebel, mit einem Band aus Pinienwedeln verschönt, lassen doch eine Vorliebe für diesen Stil erkennen. Ungewöhnlich sind die abgefassten und mit floralem Schmuck erdachten Erkerecken, die eine vertikale Verbindung zwischen beiden Erkergeschossen herstellen. Auch das Eingangsportal weist Rundungen und ein bleiverglastes Oberlicht auf. Das Erdgeschoss wurde laut Denkmalbehörde im Laufe der Jahre abgeändert und präsentiert sich heute mit Maskaron und aufgeputzten Streifen.

→ Zimmermannstraße 33, 12163 Berlin

RAUSCHHAFTE WELTENFLUCHT

Symmetrisch ist das viergeschossige Mietshaus in der Ahornstraße 5 schon, aber der Hauseingang ist nach rechts aus der Mitte gerückt. Er ist mit einem geschwungenen, dreiteiligen Oberlicht mit Buntglasfenstern ausgestaltet, die Eingangstür ist auffallend blau gestrichen und verfügt über zwei ›Bullaugen‹. Über der abschließenden Kupferhaube thronen zwei Eulen, die das Haus bei Tag und vor allem bei Nacht bewachen. Das Walmdach wird durch die polygonalen Turmaufbauten der Erkerhauben unterbrochen. Nahezu alle Fensterbrüstungen sind mit Tier- oder Pflanzenmotiven ausgestaltet. Im oberen Bereich finden sich Vögel, darunter die im Jugendstil gern verwendeten Rosen und Disteln. Ein besonderes Highlight ist der Fassadendrache mit Flügeln, der vermeintlich vor Unheil schützt. Der eigentliche Clou ist jedoch in der Hofeinfahrt zu finden. Der Hausmeister war so freundlich, mich auf die noch im Original erhaltenen Jugendstilfliesen aus der Meißener Ofen- und Porzellanfabrik (M. O & P. F.) mit stilisierten weißen Mohnkapseln auf blauem Hintergrund hinzuweisen. Auch im Entrée finden sich rosafarbene Schlafmohnblüten im bleiverglasten Fenster über dem Eingang. Schlafmohn steht im Jugendstil für Rausch und Weltenflucht. Ob der Architekt und Bauherr E. Greewe sich dessen bewusst war, als er das eigenwillige Ensemble 1907 entwarf?

→ Ahornstraße 5, 12163 Berlin

5

MOHNBLUMEN

Der Mohn ist laut der griechischen Mythologie aus den Tränen der Aphrodite gewachsen. Innerhalb der Mohngewächse ist der rote Klatschmohn der bekannteste Vertreter. Die Blüten stehen einzeln und zeichnen sich durch eine doppelte Blütenhülle und vier Kronblätter aus, die im unteren Bereich einen großen schwarzen, aber weiß umrandeten Fleck zeigen.

Der rosa- bzw. pinkfarbene Schlafmohn zählt dagegen zu den ältesten Heilpflanzen überhaupt. Anders als beim Klatschmohn ist der Samen des Schlafmohns essbar. Aus den unreifen Kapseln kann der Saft entnommen und in getrockneter Form als Betäubungsmittel Opium verwendet werden. Schon seit der Antike wird der Schlafmohnsaft als Narkosemittel verwendet, um Eingriffe für Patientinnen und Patienten erträglicher zu machen. Durch chemische Aufbereitung des Opiums kann schließlich das stärker wirksame Heroin gewonnen werden.

Mohnblüten aller Art sind für den Jugendstil eine Entdeckung. Sie stehen für eine Traumwelt und die Flucht aus der Realität. Die halluzinogene Wirkung wird mit schwärmerischer, rauschhafter Romantik assoziiert. Auch ästhetisch haben die Mohnblumen einiges zu bieten. Da die geschweiften Blätter der Blüte entgegenwachsen, ohne eine in sich geschlossene Form zu bilden, ist der Mohn besonders dekorativ und variabel. Kein Jugendstilfliesenhersteller kommt ohne mindestens ein Schlafmohnmotiv aus. Die Mohnblume ist eine der Lieblingspflanzen des Jugendstils.

HIMBEEREIS MIT SAHNE

Drei Kugeln Himbeereis scheinen sich auf einer Portion Schokoladeneis aufzutürmen. Nicht jedes Haus, das zumindest farblich wie ein Eisbecher mit herunterlaufender Sahne in Form weißer Fensterumrahmungen aus Stuck wirkt, fällt zwangsläufig in die Kategorie Jugendstilarchitektur. Aber gerade die auffälligen Fassadenfarben Rosa, Braun oder Grün sind um 1900 sehr in Mode – der Jugendstil bringt die Farben an die Fassaden zurück. Das Mietshaus in der Markelstraße 8 weist einige dieser Attribute auf, auch wenn es nach einem Bombeneinschlag im Zweiten Weltkrieg einen seiner zwei kleinen Schweifgiebel mit Ochsenauge, dem nierenförmigen Fenster, eingebüßt hat. An seiner Stelle wurde auf der rechten

Gebäudeseite eine Terrasse aufgesetzt, die dem Ensemble die symmetrische Grundstruktur nimmt. Nachträglich hinzugekommen sind auch kleine, an die Erker grenzende Balkone. Ein XXL-Eingangsportal mit einem großen, bis in den zweiten Stock reichenden Rundbogen, mit Rankenschmuck, Fratze und »Salve«-Gruß sowie fein ziseliertem Fenstergitter lässt dann doch keinen Zweifel mehr. Auch finden sich vier als Konsolenschmuck aufgebrachte Frauenköpfe unten an den beiden Erkern. Ganz offensichtlich wurden sie in der Werkstatt hergestellt und erst dann auf die Fassade geklebt, denn sie scheinen absolut identisch zu sein. Als untrügliches Jugendstilmerkmal sind die über die gesamten, dreistöckigen Erker wachsenden Bäume zu betrachten. Die Wurzeln und Stämme münden in zwei Baumkronen. Links umspielt ein Apfelbaum das oberste Erkerfenster, rechts eine Kastanie. Auch die Balkonbrüstungen zeigen üppigen Blumen- und Obstschmuck. Der Bauherr Rudolf Metz gibt dieses Mietshaus bei dem Zimmermeister Carl Hauk im Jahr 1904 in Auftrag. Sein Vater ist der Begründer der »Samengrosshandlung Fa. Metz & Co.«. Die Liebe zur Botanik liegt scheinbar in den Genen.

→ Markelstraße 8, 12163 Berlin

APFELBAUM

Äpfel gelten als eine der ältesten Kulturobstarten der Welt. Schon die alten Römer bewirtschafteten Apfelbaumplantagen. Apfelbäume sind durchweg positiv konnotiert. In der biblischen Geschichte erliegt Eva der Versuchung, von der als äußerst gesund und nahrhaft geltenden, süßen Apfel-Frucht zu kosten. Der Apfelbaum schenkt Weisheit und hilft, die richtigen Entscheidungen zu treffen, auch wenn im biblischen Kontext der Verzehr der Frucht als Abkehr von Gottes Geboten verstanden wird. Die paradiesische Frucht gilt als Symbol der Liebe, des Glücks, der Erlösung, der Weisheit und Vollkommenheit – je nach Kontext. Bei den Kelten symbolisiert der ganze Baum Unsterblichkeit, in der griechischen Mythologie schenken nur die Früchte Unsterblichkeit. In China symbolisiert der Apfel Frieden, seine Blüten stehen für Schönheit. Die Frucht des Apfelbaumes trägt ein erstaunliches Geheimnis in sich: Schneidet man einen Apfel quer durch, so kann man in dem Kerngehäuse die Form eines fünfzackigen Sterns, auch als Pentagramm bekannt, erkennen. Das Pentagramm gilt als mächtiges Schutzzeichen, das die Macht der Liebe in sich trägt. Dieser mythologisch aufgeladene Baum mit den prägnanten Früchten, den ovalen Blättern und den kleinen weiß-rosa Blüten bietet sich für die florale Ornamentik des Jugendstils geradezu an. In Berlin sind an fünfzehn in diesem Buch präsentierten Gebäuden Insignien des Apfelbaums zu finden.

THEATERDONNER

Vorhang auf für drei einzigartige Jugendstilhäuser. Die mit altem Baumbestand begrünte Markelstraße erhält 1903 zunächst den Namen Mommsenstraße nach dem Historiker und Literatur-Nobelpreisträger Theodor Mommsen (1817–1903) und wird im Zuge der Namensdopplung bei der Zusammenlegung von Groß-Berlin 1927 nach Karl Emil Markel (1860–1932), dem Chemiker und Gründer der Markelstiftung für Bildungsförderung, umbenannt. Für Jugendstilfans gibt es hier eine geschlossene Reihe aus drei wunderbar erhaltenen oder frisch sanierten Mietwohnhäusern zu bestaunen, deren Fassaden wie Theaterbühnen allerlei Geschichten erzählen. Als Protagonisten treten in Erscheinung: zwei eher wie Antiheldinnen ausstaffierte Frauenskulpturen mit bösen Gesichtern in luftiger Höhe in Hausnummer 58 und zwei kraftvolle, strahlende Femme fatales in pflanzenumrankten Nischen im Zwillingshaus Nummer 60, eine davon mit einem Weinkrug, die andere mit einem Rosenstrauß in der Hand. Des Weiteren scheinen zwei Jünglinge im Giebel von Nummer 60 den Theatervorhang aufzuziehen. Als Ensemblemitglieder vertreten sind ferner eine Eule, eine Amsel und zwei Eichhörnchen. Über der Haustür von Nummer 59 ziehen zwei Putti an einem kleineren Vorhang. Das aktuelle Stück spielt im Herbst, unschwer zu erkennen an dem über alle Fassaden verschwenderisch dekorierten Kastanienlaub. An den dreigeschossigen Erkern sind immergrüne Bänder mit Pinienwedeln zu finden, die im Jugendstil ein Symbol für den Lebensbaum sind. Typisch für diesen Stil sind die unterschiedlichen Fensterformen an ein- und derselben Fassade, hier Segmentbogenfenster und Rundbogenfenster. Im obersten Fassadendrittel sind über den Loggien und unter den Erkerdächern Männerfratzen und Frauen-Maskarone zu finden, gewissermaßen als Statisten. Der Spitzgiebel der Markelstraße 58 könnte eine Rekonstruktion sein, der geschwungene, vermutlich noch im Ori-

ginal vorhandene Giebel des Zwillingshauses weicht davon stark ab. Hausnummer 59 zeigt einen »abgebrochenen« und entstuckten Giebel, der sicherlich eine interessante Geschichte hat. Bühnenreif ist die Tatsache, dass alle drei Häuser von demselben Architekten bzw. Regisseur entworfen sind, der auch als Bauherr auftritt: F. P. Siebert entwirft 1904 zeitgleich die Hausnummern 58 und 59, das Mietshaus in der Markelstraße 60 nimmt er erst in Angriff, als die beiden anderen im Jahr 1905 fertiggestellt sind.

→ Markelstraße 58, 12163 Berlin

FEUERBACH IM HERBSTLAUB

Zwischen 1906 und 1907 entsteht dieses Mietshausensemble mit dem Lokal Feuerbach im Erdgeschoss in der Schöneberger Straße 14, für dessen Entwurf und Ausführung sich der Bauherr selbst verantwortlich zeichnet. Dass Otto Hausherr ein Faible für den Jugendstil hat, erkennt man vor allem an den fein ausgearbeiteten floralen Ornamenten unter den Dachaufbauten und als Fensterrahmungen, die erstklassig erhalten sind. Kastanienblätter, aber auch Kastanienfrüchte scheinen die Fassade in ewiges Herbstlaub zu hüllen. Der mythisch umrankte Apfelbaum umfängt das gesamte Ensemble, er ist als Baum zu sehen, sein Laub schmückt die Kassette und das Band. An dieser Fassade sieht man, dass das Quadrat als wichtiges Gestaltungselement im Ornamentsystem des Jugendstils gilt – sowohl im Baudekor als auch bei den Balkongeländern. Jede Art von Friesen wird in einem Quadrat oder Rechteck angeordnet. Auch Tierornamente sind nie auf freier Fassadenfläche zu finden, sondern in einem eckigen Kasten eingefasst. Als Abschluss findet sich ein Ornamentband unterhalb der Dachtraufe. Trotz der eckigen Balkone wirkt das Ensemble mit dem dreigeschossigen Eckerker, der von einem flachen Eckturm überragt wird, sehr jugendstilig. Das mag auch an den Rund- und Segmentbogenfenstern liegen, die typisch sind für diese Zeit. Die erst später ergänzten neumodischen Dachaufbauten, die wie dreiarmige Kerzenleuchter mit Teelichtern aussehen, wirken klobig und unpassend. Ihr einziger Schmuck sind seitliche Voluten. Im Hauseingang sind noch seltene und sehr hochwertige Jugendstilfliesen aus dem Hause NSTG (Norddeutsche Steingutfabrik) erhalten. Sie zeigen einen auf das Wesentliche reduzierten Baum vor einer Horizontlinie mit halbkreisförmiger Sonne. Der Stamm des Laubbaums erwächst aus der Fliesenumrandung und weist in seiner Ausführung auf die geometrisch-konstruktive Gestaltung des fortschreitenden Jugendstils hin. Zur Zeit ihrer Fertigung kostet die Fliese 21 Pfennig. Ein Liter Milch oder ein Zentner Kohle waren damals genauso teuer.

→ Schöneberger Straße 14, 12163 Berlin

FASSADENWALD MIT PFAU

Es sind vor allem die über drei Stockwerke angelegten durchgemauerten Spitzbögen mit einem kreisrunden Fenster als Erkerabschluss oben, die dem Mietshaus von F. J. Siebert in der Rheinstraße 52 eine neogotische Aura verleihen. Jedoch ist die überreiche Blumendekoration der Balkonfelder zweifelsfrei dem Jugendstilrepertoire entnommen. Von Fantasieblumen bis hin zu Tulpen und Sonnenstrahlen ist alles dabei. Besonders imposant sind zwei sich über die oberen beiden Stockwerke rankende Kastanienbäume im Mittelteil der Fassade, in denen sich zwei Jünglinge verstecken. Erst auf den dritten Blick zu erkennen ist der Pfau im abgeschnittenen stumpfen Giebel, der sich über zwei Sonnen erhebt. Er ist nicht das einzige Tier in diesem Fassadenwald. In zwei Brüstungsfeldern heben Wildgänse zum Flug an, kleine Frösche kleben an der Fassade unter den Balkonen. Obwohl der Bauherr Siebert als Inhaber eines Baugeschäfts im Jahr 1901 sicherlich für gute Qualität bürgt, wird der neue Besitzer der Immobilie 1947 nach den Beschädigungen des Zweiten Weltkriegs von den Behörden aufgefordert, »das schadhafte Mauerwerk« zu entfernen, um »die Gefahrenquelle zu beheben«. 1951 müssen gar die Stuckkonsolen unter den Erkern beseitig werden. Das ist ganz im Sinne der angestrebten Modernisierung des Stadtbilds, da die oftmals aus mehreren historischen Architekturstilen zusammengewürfelten Stuckelemente der Gründerzeit nicht mehr dem Zeitgeist der Nachkriegsepoche entsprechen. Unter der grassierenden »Entstuckung« jener Jahre leidet die Stadt Berlin noch heute. Diese Fassade wird jedoch neu ornamentiert, als sich der Trend umkehrt und plötzlich sogar Prämien für die Wiederbestuckung ausgelobt werden.

→ Rheinstraße 52, 12161 Berlin

DRACHEN IN KETTEN

Nachdem 1975 die Grenzen von Alt-Schöneberg neu gezogen sind, benennt die Friedenauer Gemeindevertretung die Ahornstraße in Moselstraße um, zur Erinnerung an den Frieden von Frankfurt von 1871, nach dem Elsass und Lothringen dem Deutschen Reich angegliedert wurden. Das Eckhaus mit der Hausnummer 1 und 2 ist heute eines der imposantesten und stilechtesten Jugendstilgebäude in Berlin. Auf einem keilförmigen Grundriss erhebt sich das viergeschossige, eigenwillig gestaltete und liebevoll sanierte Haus, dessen Bau Friedrich Nitze 1903 bei dem Architekten Otto Hausherr in Auftrag gibt. In der Mittelachse der Fassade zur Moselstraße befindet sich der Hauseingang mit einer schmiedeeisernen Haustür, dahinter eröffnet sich ein Flur mit Jugendstil-Fliesen an den Wänden und auf den Böden. Von dort gelangt man in den Innenhof und schließlich in das Treppenhaus an der Saarstraße. Drei Doppelloggien dominieren den in schlichtem Ocker gehaltenen Kopfbau zur Straße hin, der von einem Dachreiter und einem Schweifgiebel mit floraler Ornamentik ausgestaltet ist. Das Areal unter der Fratze, die böse Geister abhalten soll, ziert der Schriftzug »Anno 1904«. Die beiden symmetrischen Seitenfassaden münden in einen großen Wellengiebel, die Erker in der Fassadenmitte in zwei kleine Giebel darunter. Typisch für den Jugendstil sind die unterschiedlichen Fensterformate und -öffnungen. In dem zentralen Ladenlokal befinden sich ab 1908 die Bäckerei und das dazugehörige Café Laurisch, das in der Adventszeit mit feinstem Dresdner Christstollen aufwartet. Die gastronomische Nutzung findet 2019 ein jähes Ende. Das eigentliche Highlight ist jedoch die Fassadenornamentik, die gleichzeitig Fragen aufwirft. Warum beispielsweise gesellen sich zu den ebenmäßigen Frauenköpfen, dem opulenten Blumenmeer und den von Otto Wagner in Wien inspirierten Lorbeerkränzen angekettete Drachen, die sich an den Schwänzen ineinander verhaken? Die Annahme ist, dass sie sich gegenseitig lahmlegen, um dem Haus Frieden zu bringen.

→ Moselstraße 1,
12159 Berlin

DRACHEN

Drachen findet man an zahlreichen Jugendstil-Fassaden in Berlin, auch wenn Dämonen, Drachen und Fabelwesen aus dem Formenfundus der griechischen und römischen Antike stammen. In der europäischen Tradition verkörpern Drachen das Böse. Der Jugendstil lässt sich von Kulturen Asiens inspirieren, in denen Drachen eine andere Rolle zukommt. In Japan gelten sie als Symbole für Stärke und Magie, in China sind sie das Glückssymbol schlechthin. Dargestellt wird das Fabeltier meist als schlangenartig geschupptes Reptil, auch mal mit Flügeln. Lange Krallen oder Klauen verstärken das Monströse. Das Wort »draco« heißt im Lateinischen »Schlange«. Die Brüder Grimm sehen vor allem eine Ähnlichkeit mit den Nattern: »Die schlange kriecht oder ringelt sich auf dem boden, stehn ihr flügel zu gebot, so heißt sie drache«. An Jugendstilfassaden sind oft sogar zwei miteinander kämpfende Drachen zu finden. Wahrscheinlich ist, dass sie sich gegenseitig zerstören, um dem Haus Frieden zu bringen. Haben sie gar magische Abwehrkräfte und schützen vor Unheil?

DEKORATIVER JUGENDSTIL MIT BELETAGE

Es kann keinen Zweifel geben, wenn der Architekt seinen Namen sogar ins Mauerwerk rechts neben der Eingangstür graviert, so geschehen in der Dickhardtstraße 5. Die Inschrift erwähnt ›Oscar Haustein‹ und das Baujahr des viergeschossigen Mietshauses (1902). Gestaltet ist sie in der um 1900 entwickelten Eckmann-Schrift. Eher untypisch für den dekorativen Jugendstil ist das Ziegelmauerwerk mit Putzquaderung in den unteren beiden Etagen.

Als Architekt mit einem Faible für Landhaus-Architektur ist Haustein ein Freund der Beletage, sodass seine Häuser im Hochparterre die schönsten Wohnungen bieten. Der asymmetrische Entwurf mit zwei unterschiedlichen Erker- und Balkontypen belebt die Fassade und schafft eine eigenwillige Plastizität. Die viereckigen Erker über drei Geschosse münden auf der linken Fassadenseite in einen Schildgiebel und auf der rechten in eine abgeschrägte Turmhaube; sie sind mit Reliefmedaillons geschmückt. Über dem Eingangsportal und in den Brüstungsfeldern finden sich kunstvoll umgesetzte Ornamentbänder in Form von Kastanien- und Pinienlaub. Die Rundbögen der Loggien im oberen Fassadenbereich sind mit Drachenköpfen und Maskaronen verziert. Flechtbänder und Voluten ergänzen den Theaterbühnen-Effekt, der im Jugendstil bei der Gestaltung der Fassaden eine große Rolle spielt. Oscar Haustein ist gelernter Maurer- und Zimmermeister, der sich in derselben Straße noch mit zwei weiteren Häusern (Hausnummer 2 und 7) verewigt. Da er sich 1920 gegen das Projekt »Groß-Berlin«, einem stadtplanerischen Ballungsraum mit 3,8 Millionen Einwohnern, ausspricht und für die Selbstverwaltung Friedenaus eintritt, wird Haustein nach 21 Jahren in der dortigen Gemeindevertretung schließlich nicht wieder aufgestellt. In Berlin hinterlässt er eine ganze Reihe sehr gelungener Mietshäuser.

→ Dickhardtstraße 5, 12159 Berlin

5
5

MACKINTOSH-ROSEN MITTEN IN BERLIN

»Der Jugendstil ist voller Morgenstimmung. Er ist das Bewußtsein vom Aufbruch ins neue Jahrhundert« (Eberhard Roters). Zwei ungewöhnliche viergeschossige Mietshäuser nach Entwürfen von Paul Schröder bespielen die Einmündung der Rotdornstraße in die Wiesbadener Straße in Friedenau. Ein Markenzeichen sind die mit organischen, mehrteiligen Fensteröffnungen ausgestalteten Dachateliers mit Schweifgiebel. Die Zwillingsbauten haben Querhäuser mit zwei Eingängen, von denen je ein Zweispänner erschlossen wird. Das zuletzt sanierte und mit einer helleren Farbe gestrichene Gebäude mit der Hausnummer 83 verfügt über einen achteckigen Erker über drei Geschosse, der nicht wie beim Zwillingshaus turmartig erhöht ist, sondern mit einem geschwungenen Gesims und einer flachen Kuppel abschließt. Über die Giebel, Erker und Balkone verteilen sich üppige Mackintosh-Rosen, die sogar als Ornamente im Hauseingang und an den Wohnungstüren zu finden sind. Benannt sind sie nach Charles Rennie Mackintosh. Als Mitbegründer der englischen Art-and-Crafts-Bewegung, die den Jugendstil stark beeinflusst, entwirft Mackintosh ein kreisrundes, mit schalenförmigen Blättern ausgestaltetes Jugendstil-Rosenornament, das auch als Stoff- oder Glasmotiv einen Siegeszug um die Welt antritt. In Berlin sind sie ausgesprochen selten zu finden.

Die prägnanten Loggien und Balkone und die großen Rundbogenfenster im Erdgeschoss machen die zwischen 1904 und 1905 errichteten Bauten zu einer vornehmen Adresse. Die Wiesbadener Str. 84 verfügt über keinerlei Schaufensterflächen und scheint ein wenig im Schatten der großen Schwester zu stehen, auch wenn so illustre Bewohner wie die bildende Künstlerin Ursula Sax zeitweise hier leben.

→ Wiesbadener Straße 86, 12161 Berlin

EINE SYMPHONIE IN STEIN

Der vereinfachte Dreiecksgiebel in der Ebersstraße 7 kann nicht der Weisheit letzter Schluss gewesen sein. Man vermutet vielmehr einen Bombeneinschlag, auf den eine Neugestaltung gefolgt sein muss. Allerdings hat der Bauherr und Architekt Albert Kiekebusch als gelernter Kunstmaler vermutlich vor allem die floralen und figürlichen Ornamente der Fassade im Blick gehabt. Er engagiert eigens einen Stuckateur, der seine Ideen umsetzen soll. Die filigranen Ornamente verbinden nicht nur die Erkerfenster miteinander, sie schaffen auch im Mittelteil des symmetrisch angelegten, fünfgeschossigen Mietshauses eine Art steinernen Garten. Dort wächst an der Fassade über drei Stockwerke ein Baum empor und selbst die Haustür wird von Ästen eines Kastanienbaums umrankt. Der renommierte Rigaer Architekturhistoriker und Professor Jānis Krastiņš bezeichnet den Jugendstil als »Musik in Stein«. Das 1901 von der Firma Warnebold & Nasse mit ausladenden Erkern, Loggien und Balkonen errichtete Ensemble wird zu einem vielstimmigen Konzert der Ornamente und Rundungen in Form von Segment- und Rundbogenfenstern. Das glatt verputzte Erdgeschoss mit der schlichten Eingangstür wirkt entstuckt und verzeichnet als einzigen Schmuck die überhängenden, ein Vordach bildenden Erker. Eine Symphonie in Altrosa, zu der die alles andere als elegant geratenen Frauenköpfe im dritten Stock nicht richtig passen wollen. Dafür verleihen die noch im Original erhaltenen schmiedeeisernen Balkone dem Wohnhaus eine schwungvolle Leichtigkeit.

→ Ebersstraße 71, 10827 Berlin

71

KASTANIE

Es gibt weltweit fast zwanzig verschiedene Kastanienarten, von denen ein Großteil in Asien beheimatet ist, insbesondere in China. In Europa kennt man in erster Linie Edelkastanien und Rosskastanien. Die Frucht der Edelkastanie birgt in ihrem Inneren, umhüllt von vielen winzigen weichen Stacheln, etwas Kostbares. Zu erkennen ist sie an den fingerförmigen Blättern, den eher unauffälligen gelbgrünen Kätzchen und den stacheligen Kapselfrüchten, die beim Aufplatzen im Herbst eine rot-braune Kastanie freigeben. Die Blütenkerzen werden 20–30 cm hoch. Aus praktisch allen Teilen der Edelkastanien lassen sich Naturheilmittel herstellen, die beliebten Maroni-Früchte sind ein wertvolles Lebensmittel mit vielen Nährstoffen. Die Rosskastanie mit ihren üppigen Blüten in Weiß, Gelb oder Gelbrot gehört zur Gattung der Seifenbaumgewächse und somit nicht zu den anderen Kastanienarten. Blätter und Früchte ähneln einander. Sie ist heute als Park- und Alleebaum in Deutschland nicht wegzudenken. Im alten China werden sie als Heim der Erdgötter des Westens angesehen. Kastanien gelten als Bäume mit heilenden Kräften, die Trost spenden, Mut machen und transformative Prozesse unterstützen. Sie speichern viel Sonnenenergie und sind daher ideale Kraft-Bäume. Als Ornament im Jugendstil findet die Kastanie vor allem aufgrund ihrer ornamentalen Vielfalt und organischen Bandbreite vielfache Anwendung.

Kastanienblätter werden oftmals als Stuckornament an Erkerkonsolen, aber auch als Band unter dem Giebel eingesetzt und sind an Berliner Fassaden häufig zu finden.

PFAU

Vor allem der männliche Pfau gilt aufgrund seines schimmernden Federkleids und der ausgefallenen Farben als Idealsujet des dekorativen Jugendstils. Pfauen gehören zu den ältesten Ziervögeln, sie werden bereits in den Sagen der griechischen Antike erwähnt. Als standorttreue Vögel werden die ursprünglich in Indien und Sri Lanka beheimateten Tiere heute weltweit als Haus- oder Zootiere gehalten. Das Gefieder des Pfauenhahns ist vom Kopf bis zum Bauch leuchtend blau. Je nach Lichteinfall schimmert die aus Deckfedern bestehende Schleppe grünlich oder golden und kann zu einem Rad ausgebreitet werden. Die sehr dekorative Federzeichnung der Schleppe ist durchsetzt mit den typischen, irisierend leuchtenden, grün-braunen Pfauenaugen, die Gegner abschrecken sollen. Der Pfau gilt als wachsames Tier, da er mit lauten Schreien Artgenossen vor Gefahren wie etwa Unwetter warnt. Er ist in vielen Kulturen ein Mythentier und gilt je nach Kontext als Symbol von Schönheit, Leidenschaft, Reichtum. In der christlichen Auslegung wird er als Symbol der Unsterblichkeit der Seele angesehen, da sein Schweif an den gestirnten Himmel und somit an Jesus erinnert. Goethe übernimmt in seinem Opus »West-Östlicher Divan« die im Islam verbreitete Annahme, dass Pfauen der Inbegriff der Reinheit sind. Die Variationsfreude und der Schönheitssinn des Jugendstils machen den Pfau zu einem seiner Lieblingsobjekte.

JUGENDSTIL MEETS NEOBAROCK

Die Opulenz dieser Fassade an der belebten Hauptstraße im Stadtteil Schöneberg verortet das fünfgeschossige Wohn- und Geschäftshaus mit der Hausnummer 135 in einem stilistischen Zwischenreich. 1906 wird es von dem Architekten Adam Dietz im Auftrag der Schöneberger Genossenschaftsbank erbaut – von Beginn an ist es als Bankhaus konzipiert. Die neobarocken Elemente wie etwa die korinthischen Pilaster, die niedrigen Einzelsäulen der Balustrade und die in der Ornamentik als Zierrahmen aufgebrachten Kartuschen scheinen das Ensemble zu dominieren. Bei näherer Betrachtung finden sich jedoch ebenso viele Elemente der Jugendstilarchitektur. Dem Bauwerk liegt ein asymmetrischer Grundriss zugrunde. Der dreigeschossige Erker, die großen Korb- und Rundbogenfenster sowie auffallende Maskarone und Konsolen machen die monochrome Fassade zu einem verspielten Jugendstiltraum. Florale schmiedeeiserne Balkongitter beleben die Fassade, die mit vertikal über drei Etagen verlaufenden und in figürlichen Schmuck mündenden Linienornamenten elegant betont wird. Der vierte Stock ruht auf einem Gesims und hebt sich optisch von den anderen Etagen ab. Einige Quellen beschreiben dieses einzigartige und dabei erstklassig erhaltene Bauwerk als »gründerzeitlichen Prachtbau«. Diese Definition ist irreführend. »Die beiden Jahrzehnte von 1890 bis 1910 werden oft fälschlicherweise der Epoche der *Gründerzeit* zugerechnet«, schreibt Eberhard Roters, deutscher Kunsthistoriker, in *Berlin um 1900*. Als »Gründerzeit« wird nur die Phase von der Reichsgründung 1871 bis zum Dreikaiserjahr 1888 bezeichnet. Der 1890 aufkommende Jugendstil will eine Abkehr vom Historismus. Dieses Wohn- und Geschäftshaus mit Seitenflügel und Querhaus vereint also das Beste aus zwei Welten.

→ Hauptstraße 135, 10827 Berlin

ENGEL ÜBER MÖHRINGS BÜLOWSTRASSE

Allein die Farbgebung dieses repräsentativen, fünfgeschossigen, aber schmalen Wohn- und Geschäftshauses in der Potsdamer Str. 131 deutet auf die Vorliebe des Architekten und Bauherren Franz Kemnitz für den Jugendstil hin. Die Fenster- und Toreinfassungen in dunkelrotem Sandstein heben sich von den glasierten, hellen Fassadenkacheln, den lindgrünen, schmiedeeisernen Fenstern und den goldig schimmernden Balkongittern deutlich ab. Das fein ziselierte, nicht umsonst als Denkmal ausgewiesene Gitter zeigt florale Ornamente mit zwei Schwänen, die über ein Band mit dem Maul einer Fratze verbunden sind. Der kleine sechseckige Turm mit den hellgrünen Kupferapplikationen über dem geschweiften Traufgesims betont ebenso die Mittelachse wie der zweigeschossige Erker, auch wenn die große Hofeinfahrt auf der linken Gebäudeseite die für den Jugendstil typische Asymmetrie herstellt. Über dem Arkadenbogenfenster im obersten Stock findet sich ein Fassadenmosaik, in dessen Mitte ein von Ranken und Rosen umwehter Engel zu sehen ist. Zu dem auch vom Neomittelalterstil beeinflussten Ensemble gehört ein viergeschossiger Seitenflügel und ein gleichhohes Hinterhaus mit gelben Backsteinfassaden. Um die letzte Jahrhundertwende logieren an dieser vornehmen Adresse nacheinander eine Filiale der Deutschen Bank, ein Verlag und eine Weinhandlung. Das Vestibül wartet noch heute mit lieblichen Malereien, einer großen Kassettendecke, einer verzierten Kuppel, dunklem Schnitzwerk und grünen Jugendstilfliesen auf. Das Jugendstiljuwel übersteht wie durch ein Wunder den Zweiten Weltkrieg. Die Nachbargebäude werden durch gesichtslose Neubauten ersetzt.

→ Potsdamer Straße 131, 10783 Berlin

CAFE BAR
RESTAURANT
Gemütlicher Hofgarten
Deutsche Küche und Indische Spezialitäten

Nichtraucher
U
Bülowstraße
U2 Ruhleben
U2 Ruhleben

BRUNO MÖHRINGS MEISTERSTÜCK

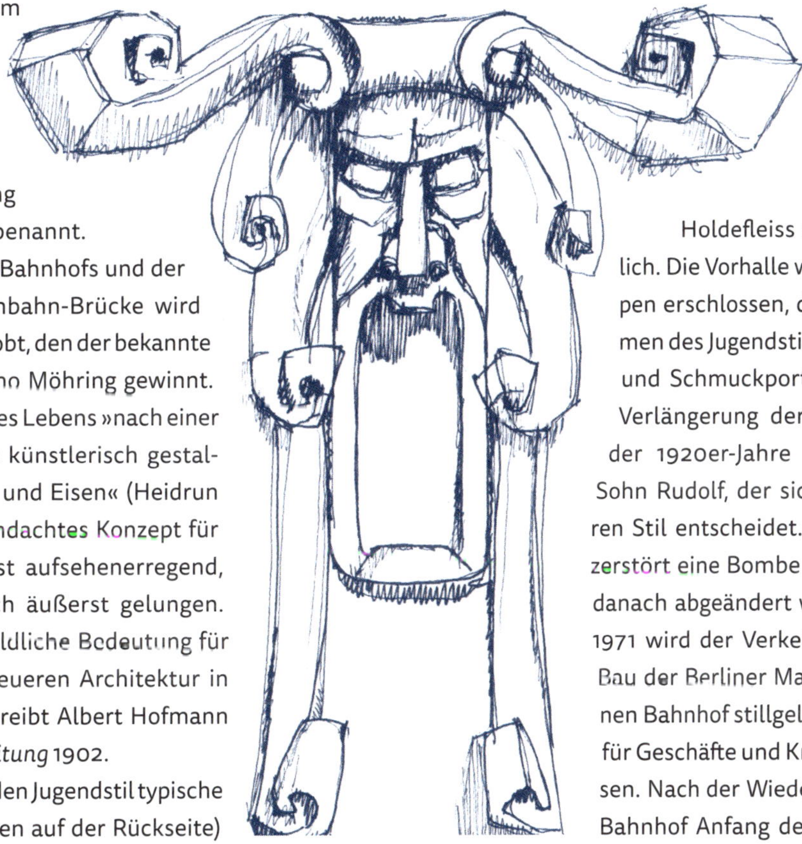

Die 1902 unter dem Namen »Potsdamer Straße« entworfene Station der Hochbahnstrecke wird kurz nach ihrer Einweihung in »Bülowstraße« umbenannt.
Für die Gestaltung des Bahnhofs und der angeschlossenen Hochbahn-Brücke wird ein Wettbewerb ausgelobt, den der bekannte Berliner Architekt Bruno Möhring gewinnt. Möhring sucht Zeit seines Lebens »nach einer materialgerechten wie künstlerisch gestalteten Fusion von Stein und Eisen« (Heidrun Bernitt). Sein gut durchdachtes Konzept für diese U-Bahnstation ist aufsehenerregend, visionär und ästhetisch äußerst gelungen. Dass die Station »vorbildliche Bedeutung für die Entwicklung der neueren Architektur in Berlin« gewinnt, beschreibt Albert Hofmann in der *Deutschen Bauzeitung* 1902.
Vier monumentale, für den Jugendstil typische Frauenköpfe (mit Fratzen auf der Rückseite) zieren die eleganten, über die Bahnsteighöhe reichenden Sandsteinpfeiler. Schmalere, aber ebenfalls ornamentierte Pylone stützen die Eisenkonstruktion, die von der Firma Gutehoffnungshütte aus Oberhausen stammt. Die Bahnsteighalle konzipiert die Firma Siemens, für die Kunstschmiedearbeiten zeichnet die Firma Schulz & Holdefleiss aus Berlin verantwortlich. Die Vorhalle wird über seitliche Treppen erschlossen, die Möhring in den Formen des Jugendstils mit Sandsteingiebeln und Schmuckportalen ausgestaltet. Die Verlängerung der Bahnsteighalle Ende der 1920er-Jahre übernimmt Möhrings Sohn Rudolf, der sich für einen sachlicheren Stil entscheidet. Im Zweiten Weltkrieg zerstört eine Bombe die U-Bahnstation, die danach abgeändert wieder aufgebaut wird. 1971 wird der Verkehr auf dem durch den Bau der Berliner Mauer ins Abseits geratenen Bahnhof stillgelegt, aber das Ensemble für Geschäfte und Kneipen in Betrieb gelassen. Nach der Wiedervereinigung kann der Bahnhof Anfang der 1990er-Jahre restauriert und wieder an das U-Bahnnetz der Linie U2 angeschlossen werden.

→ U-Bahnhof Bülowstraße, 10783 Berlin

JUGENDSTIL IM QUADRAT

Deutschland ist um 1900 das wichtigste Zentrum für die Herstellung von Jugendstilfliesen in Europa. Es gibt zu der Zeit etwa 25 Betriebe, die das aufwendige Verfahren beherrschen. Die keramischen Farb- und Hygienewunder sind ein praktischer Gebrauchsgegenstand zum Schutz und zur Gestaltung von Wandflächen. Da die Produktion günstig ist, findet man sie auch in schlichten Mietshäusern. Deren Hausflure gelten als Statussymbol, das Entrée wird zur Visitenkarte. Sind die Wohnungen auch klein, die Eingangsbereiche sollen üppig bunt sein und Eindruck schinden. Jugendstilarchitekten betrachten die Fliesen im Hausflur mit demselben künstlerischen Ernst wie Fenstergewände und Fassadenornamente. Der Produktionsprozess der quadratischen Ornamente ist in den Anfangsjahren sehr aufwendig. Erst mit der Erfindung der Trockenpresse im 19. Jahrhundert wird die Mechanisierung des Herstellungsprozesses und somit eine Massenproduktion möglich. Bis heute wird die Steingutmasse bei einer Temperatur von circa 1.100 Grad Celsius zunächst als weißer, poröser Scherben ausgebrannt. In einem zweiten Arbeitsschritt erfolgt die Glasur der Fliese. Die Firma GOLEM Kunst und Baukeramik GmbH in Sieversdorf in Brandenburg produziert nach Originalrezepturen und anhand historisch überlieferter Verfahrensvorgaben bis heute Jugendstilfliesen, die man in den Verkaufsräumen in den Hackeschen Höfen in Berlin bestaunen kann. Die beliebten Reliefdekorfliesen unterteilen sich in Faden-, Flach- und Hochdekore. Im ersten

Fall bildet ein fadenartig geprägtes Steggebilde die formale Grundlage für den Dekor der Wandfliese, der reliefierte Faden verhindert das Ineinanderlaufen der Farben. Faden- und Flachdekore können maschinell hergestellt werden. Hochrelieffliesen werden oft von Hand produziert und erreichen eine Höhe von bis zu fünf Millimetern. Wenn sich Motive nicht nur als Band erstrecken, sondern in der Fläche ausdehnen, spricht man von einem Fliesenbild. Als Bildmotiv bezeichnet man eine Anordnung über mindestens zwei bis maximal fünf Fliesen, die horizontal oder vertikal angeordnet sind. Wenn sich wie bei einer Tapete ein Ornament in einem Band horizontal oder vertikal an das nächste reiht, handelt es sich um ein Rapportmotiv. Ein Endlosmotiv bedingt, dass sich alle vier Fliesenseiten in alle Richtungen perpetuieren.

Das im Jugendstil dominierende Pflanzenthema findet sich auch auf den Fliesen. Beliebte Motive sind Anemonen, Rosenblüten, Mohn, Seerosen, Tulpen, Sonnenblumen und Schwertlilien, aber auch Wiesenkräuter wie Tränendes Herz, Disteln, Efeu oder Weinreben. Bei norddeutschen Fliesenherstellern taucht das Thema Meer in verschiedenen Variationen auf. Es gibt unterschiedliche Abstraktionsstadien: Von naturalistisch bis abstrakt ist alles dabei, manchmal sogar innerhalb eines einzelnen Motivs. Das Design der Fliesen lässt sich in den wenigsten Fällen einem bestimmten

Urheber zuweisen, die Fabrikdesigner werden selten überhaupt nur erwähnt. Dass es in Berlin sogar Jugendstilfliesen gibt, die von Henry van de Velde für Villeroy & Boch entworfen wurden, ist kaum bekannt. Jugendstilfliesen erfreuen sich heute wieder großer Beliebtheit, allerdings eher in Bädern und Küchen als in Hausfluren. »Wie ein Zauberbann erscheint uns in der Tat, was den Lebenden und Wirkenden um 1900 Aufbruch, Befreiung, Anfang, Entdeckung wahrer Schönheit und blühende Entfaltung der Seele war« (Dolf Sternberger).

SÜDWESTEN

Lindenthaler Allee
Fleischerei
Bistro · Bar
Bahnhofs
Klause
KEBAB

SCHLUMPFHAUS MIT GLEISANSCHLUSS

Guido von Donnersmarck, einer der reichsten Einwohner Preußens, erwirbt 1901 das größte Aktienpaket an der Zehlendorf-West Terrain AG und treibt den Ausbau der Infrastruktur auf einem Areal von 100 Hektar Land rund um den Mexikoplatz voran. Für die Villenkolonie Zehlendorf-West ist dieses anmutige Bahnhofsgebäude mit dem schwungvollen Dach seit seiner Einweihung im Jahr 1905 städtebaulich und versorgungstechnisch ein Zentrum. Inmitten des sternförmig angelegten Platzes erhebt sich das Jugendstiljuwel aus der Feder des bekannten Architektenbüros Hart & Lesser. Verschieden geschwungene Korb- und Rundbogenfenster und ein zentraler Tambour mit organischen Sprossenfenstern verleihen dem Ensemble mit dem abgetreppten Spitzkuppeldach eine gewisse Ähnlichkeit mit einem pilzartigen Schlumpfhaus. Bis 1933 fahren die S-Bahnen noch mit Dampf. Nach der Umstellung auf Elektrobetrieb wird der auf alten Fotos noch zu sehende Wasserturm abgetragen. Im Zuge der 1987 erfolgten Rekonstruktion der Bahnbrücke und des Geländers zur 750-Jahr-Feier Berlins wird die S-Bahnstation in »Mexikoplatz« umbenannt, und das schmiedeeiserne Emblem wieder mit den Buchstaben »KPEV« (»Königlich Preußische Eisenbahn-Verwaltung«) versehen. Auch die Straßenlaternen, der rote Feuermelder und die von dem Berliner Drucker Ernst Litfaß erfundene Litfaßsäule werden nach historischem Vorbild restauriert. Nach dem Verkauf des Bahnhofsgebäudes an zwei Berliner Geschäftsleute im Jahr 2010 schließt die beliebte Bahnhofsbuchhandlung nach 25-jähriger Tätigkeit ihre Pforten. Im Gebäude herrscht nun um den Obst- und Gemüsehändler Aoun reges Treiben. Ein Maler kam sogar auf die Idee, Aoun in dem Bild zu verewigen, das in dem hübschen Rondell mit Glaskuppel hängt, und das der Meister nur zu gern seinen Käufern zeigt.

→ S-Bahnhof Mexikoplatz, 14163 Berlin

JUGENDSTIL AN UND IN BAHNHÖFEN

»Es ist die Idee der Schönheit, eines Lebens in Schönheit [...], was den Zauber des Jugendstils ausmacht« (Peter Behrens). Und so eroberte der Jugendstil auch die öffentlichen Verkehrsmittel. Der Bahnhof Nikolassee im Südwesten der Stadt hat eines der schönsten Empfangsgebäude der Berliner S-Bahn überhaupt. Der 1902 von den Architekten Fritz Bräuning und Paul Vogler entworfene Backsteinbau mit Jugendstilelementen besticht durch einen markanten Uhrenturm, zahlreiche Zinnen, Bögen, Ziergiebel und Vorbauten. Die früheren Wärter- bzw. Bahnsteighäuschen mit Fliesen in grünweiß sind ebenfalls Relikte aus der Zeit um 1900, ein Nachbau in der Eingangshalle beherbergt ein Blumengeschäft.

Einer der einflussreichsten Hoch- und Tiefbauarchitekten dieser Zeit für Berlin kommt ausgerecht aus Schweden. Alfred Grenander studiert an der Technischen Hochschule Charlottenburg und hinterlässt in Berlin fast 60 Bahnhöfe der S- und U-Bahn, davon jedoch – entgegen der landläufigen Meinung – nur einige wenige im Jugendstil wie etwa den U-Bahnhof Sophie-Charlotte-Platz. Typisch Jugendstil sind hier die girlandenartig geschwungenen, fließenden Linien der Decke und die hellen, irisierend leuchtenden Fliesen. Grenander versieht die kahl wirkenden Stahlstützen mit floralen Elementen und versucht so, das Künstlerische in den Alltag zu integrieren. Später entwickelt er das Prinzip der Kennfarbe, bei dem sich jede Station durch eine Farbe deutlich von den jeweils davor beziehungsweise dahinter liegenden Bahnhöfen unterscheiden soll. Mit der Kennfarbe werden sowohl

die Stationen, aber auch Stützen und Schilderumrahmungen verziert. Grenander hat ein ausgeprägtes Faible für Fliesen. Kaiser Wilhelm II. wirbt bei ihm erfolgreich für die Ware aus seiner »Königlichen Majolika- und Terrakotta-Werkstatt«, die er sich 1904 auf seinem privaten Rittergut in Cadinen in Ostpreußen errichten lässt. Die Tongruben der Gegend liefern somit den Rohstoff für Grenanders knallbunte Kachelkreationen in den Berliner Bahnhöfen.

WASSERGEIST IN AKTION

Wassergeister leben im oder am Wasser, in Flüssen, Teichen oder Brunnen. Die Naturphilosophie ordnet dem Wasser bestimmte Geister zu, die seit dem 17. Jahrhundert in der Kunst, in der Architektur und in Volkserzählungen als mythische Wesen auftauchen. Sie erleben im ohnehin die Natur glorifizierenden und imitierenden Jugendstil ein Comeback als Bauschmuck, da sie als Bindeglieder zwischen Natur und Kultur fungieren können. Der Wassergeist im Giebel des 1903–1904 erbauten dreigeschossigen Miets- und Geschäftshaus von Fritz Kabelitz kann laut Bauakte aber erst irgendwann nach 1984 aufgetaucht sein. Bis dahin schmücken den vorderen und den hinteren, heute nackten Giebel geometrische Motive. Allerdings finden sich in der gesamten Baukörperstruktur von Beginn an eigenwillige Formen wie geschwungene, bewegte Fensterumrahmungen und -öffnungen, die schon zur Bauzeit allerlei Geister über die von August Jänicke für den Bauherrn Franz Haupt entworfene Fassade huschen lassen. Das denkmalgeschützte, asymmetrische Bauwerk am Teltower Damm 25 weist neben dem geschweiften Doppelgiebel auch noch andere Jugendstilmerkmale wie Korbbogenfenster, Turmaufbau mit Kuppel und einen rundgeführten Erker auf. Es entfaltet seine Bildsprache erst auf den zweiten Blick, denn die angegraute Fassadenfarbe lädt nicht zum Hochblicken ein.

→ Teltower Damm 25, 14169 Berlin

coffeeshop Z
Hofpfisterei
DIAMANT

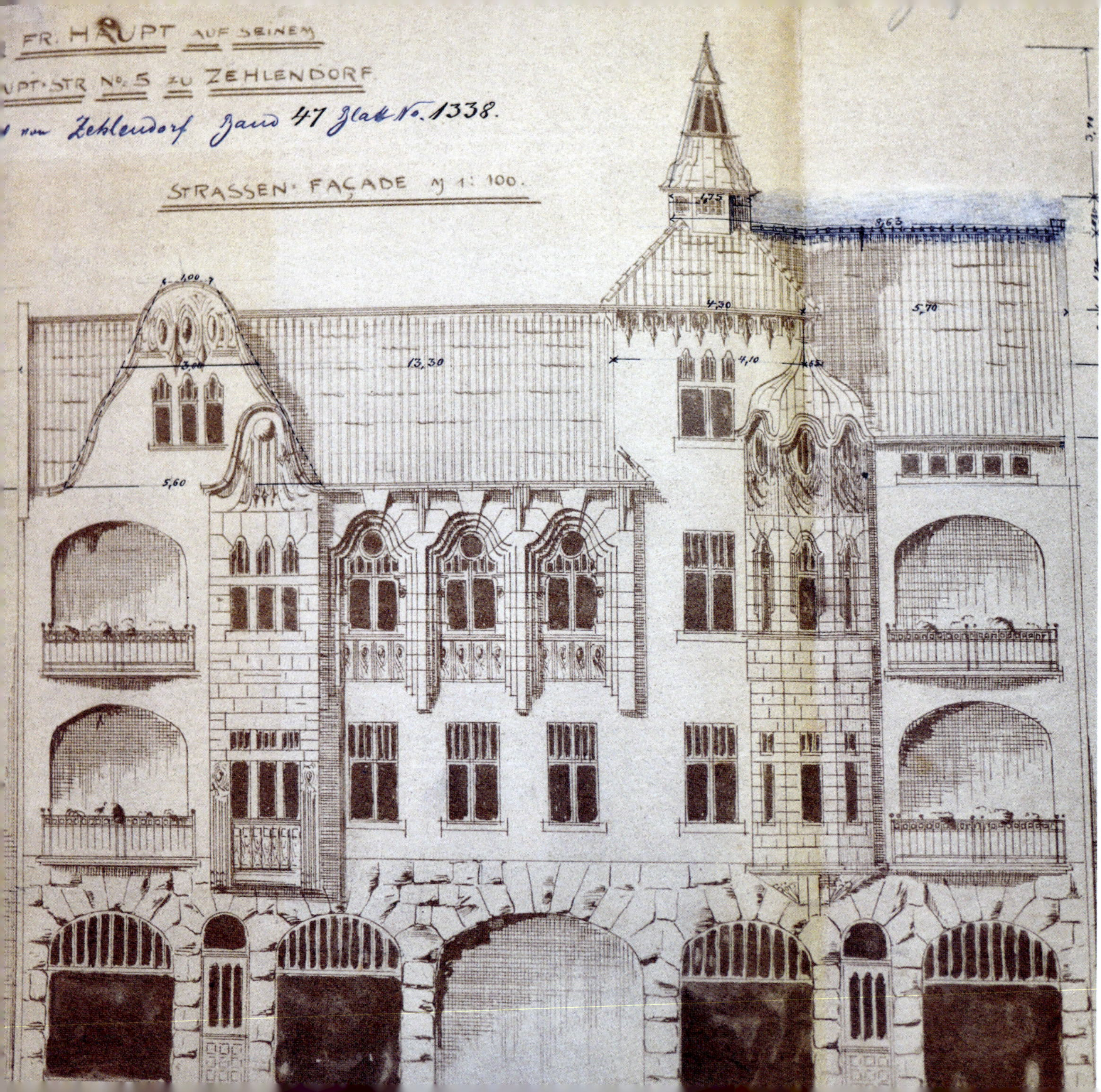
FR. HAUPT AUF SEINEM
UPT-STR No. 5 ZU ZEHLENDORF
von Zehlendorf Band 47 Blatt No. 1338.
STRASSEN-FAÇADE M 1: 100.

EDVARD MUNCH IN BERLIN

Der Wassergeist an diesem Giebel hat eine gewisse Ähnlichkeit mit dem Gemälde »Der Schrei« von Edvard Munch. Und tatsächlich hinterlässt der norwegische Maler in Berlin allerlei Spuren. Munch zeigt 1892 auf Einladung des Vereins Berliner Künstler seine erste Einzelausstellung in Berlin, obwohl er zu dem Zeitpunkt noch kein einziges Bild verkauft hat. In seinen Tagebüchern aus dem Jahr 1908 schreibt Munch: »Nach 20 Jahren Gefecht kommen mir endlich gute Mächte in Deutschland zu Hilfe und es öffnet sich ein leuchtendes Tor.« Die Freude über die Tür ins Licht währt jedoch nicht lang. Kaiser Wilhelm II. lehnt jede Neuerung in der Kunst ab und lässt die Munch-Ausstellung in Berlin nach acht Tagen empört schließen. Das Establishment bewertet die 55 gerahmten Bilder, die in der Rotunde des Architektenhauses gezeigt werden, als unfertige, formlose, nicht zu Ende gemalte Kunstwerke. Im gleichen Jahr finden sich einige progressiv eingestellte Künstler zu einem engeren Kreis von »Elf« (Mitgliedern) zusammen, die eine Erneuerung der Künste fordern. Einige der Mitglieder, etwa der Bildhauer Max Klinger, der Impressionist Max Liebermann und der Landschaftsmaler Walter Leistikow gründen 1898 die »Berliner Secession«. Der »Fall Munch« wird somit zur »Geburtsstunde der Moderne« in der deutschen Kunstgeschichte. Munch bleibt mit seinen unfreiwillig bekannt gewordenen Bildern fast zwanzig Jahre mit Unterbrechungen in Deutschland, organisiert Ausstellungen und bezieht zeitweilig ein Atelier in der Lützowstraße 82 in Berlin. In seinen Bildern finden sich Anklänge von Jugendstil durch schwingende Wellenlinien und symbolistische Inhalte. Die »Berliner Secession« zeigt in ihren Räumen in der Kantstraße 1902 auch Bilder von Munch und verschafft ihm so den künstlerischen Durchbruch. In seinem bekanntesten Bild verarbeitete Munch eine Panikattacke. Das Gemälde »Der Schrei« zeigt eine Gestalt mit schreckgeweiteten Augen unter einem blutroten Himmel. »Ich malte dieses Bild, malte die Wolken wie wirkliches Blut, die Farben schrien.«

TÜRMCHEN- UND GIEBELROMANTIK

»Als wir am äußersten Rand des 19. Jahrhunderts angelangt waren, war keine Zeit mehr zu verlieren, und diejenigen, die die Idee eines neuen Stils beschäftigte, wurden auf einmal unruhig und fieberhaft erregt«, schreibt Henry van de Velde. Auch in Berlin scheint man sich daran orientiert zu haben. Im Jahr 1905 entwickelt Johannes Müller, der Nachfolger des Baugeschäftsinhabers Walter Eichenkraut, gleich einen ganzen Straßenblock mit Mietwohnungen und Ladenlokalen. Er komponiert das langgezogene Riegelgebäude in der Clayallee 343 mit Spitzgiebeln und Erkertürmchen durch und verwendet allerlei Energie auf die Fassadenornamentik – und den Schattenwurf. Von den beiden Spitztürmen sind heute nur mehr Flachkuppeln geblieben, sie sind in der Instandhaltung auf Dauer zu teuer. Auch wurden inzwischen zwei Giebel abgeschrägt, das Dach ragt seit der Sanierung weniger hoch in den Himmel.

Dass Blumenschmuck dem Architekten wichtig ist, sieht man an den schon in der Bauakte eingezeichneten Balkonpflanzen. Vor allem die floralen Ornamente in den Giebeln und am Gesims, aber auch die großen Rundbogenloggien verleihen dem Wohn- und Geschäftshaus eine verspielte Eleganz. Das mit Bossensteinen aus Sandstein verkleidete Erdgeschoss zieht von Anfang an Einzelhändler in die prädestinierte frühere Hauptstraße von Zehlendorf. Der Rabe kommt erst im Zuge der Sanierung auf den äußersten rechten Giebel und ist als Reminiszenz an den Jugendstil gedacht. Auf diesem Giebel zieht er seine Kraft aus einem Meer von Pflanzen.

→ Clayallee 343, 14169 Berlin

RABE

Das Dunkle und Abgründige fasziniert die Kunstschaffenden des Jugendstils. An den Fassaden tauchen Tiere der Finsternis auf, die bis dato von der europäischen Kunst vernachlässigt wurden, etwa Fledermäuse und Eulen. Auch Raben, die vor allem im Mittelalter in Europa als Vorboten des Todes oder von Unheil und Pest gelten, finden sich auf Fassaden. Raben ernähren sich von Samen und Feldfrüchten, fressen aber auch Abfall und Aas und sind für die Schädlingsbekämpfung im Wald nützlich. Der Rabe steht im Jugendstil für Erneuerung, da er Licht in die Dunkelheit bringt. Zuweilen symbolisiert er auch familiären Frieden. Zusammen mit anderen Nachttieren bildet er einen Kontrast zu den Tieren des Tages.

BLUMEN

Blumen sind neben den Frauen der zweite große Topos des Jugendstils. Ein Frauen-Maskaron mit einer Haarpracht aus Blumen verbindet beide Themen auf das eindrücklichste. Von der Antike über das alte Ägypten bis zur Neuzeit: Blumen dienen in allen Lebensbereichen als Sinnbild für Werden und Vergehen, für den Rausch der Schönheit und als Boten der Gefühle. In Mythen erscheinen Blumen als Seelenträger. Baumeister der Zeit um 1900 erweitern ihr Repertoire und schaffen zuweilen steinerne Gärten aus Blumenornamenten. »Das Keimen, Sprießen, Blühen als

TORTENGUSS UND BLÜTENSTENGEL

Die Fassadenfarbe ist schon gewöhnungsbedürftig. Allerdings leuchten die weiß geschwungenen Fensterumrahmungen der orange-rosafarbenen Torte in der Holbeinstraße 30 besonders schön. Das von August Dehmel 1901 in Auftrag gegebene, noch im ursprünglichen Zustand erhaltene Doppelhaus zeigt individuelle Jugendstil-Ornamente, die es so in Berlin nicht noch einmal gibt. Jedes Giebelfenster ist üppig mit geschwungenen Fenstern, Fenstergewänden und Schweifumrandungen ausgestaltet. An der Fassade recken sich zarte Stängel empor, deren Blüten sich an die Giebelränder schmiegen. Im Erdgeschoss gesellen sich Frösche und knorrige Gebilde an die ausgekehlten Ecken. Der Architekt und Maurermeister Friedrich Simon zeigt eine Liebe zum Detail, die dem hinter hohen Büschen versteckten Kleinod bis heute eine künstlerische und baugeschichtliche Bedeutung zuweist. Simon wählt bewusst nicht die schablonenhaften, oft austauschbaren Stuckelemente für die Fassade, obwohl es sich um ein gewöhnliches Doppelhaus handelt. Die üppige Pflanzenpracht der Fassade korreliert inzwischen mit der Bepflanzung der Vorgärten, die kaum eine Lücke zum Fotografieren lässt.

→ Holbeinstraße 30, 12203 Berlin

Plädoyer für eine sich entfaltende schöpferische und soziale Vitalität« (Norbert Wolf) ist typisch für den Jugendstil. So können wir noch heute an manchen Fassaden eine üppige Blumenwildnis bestaunen. Nicht nur die gängigen Blumen wie Rosen, Tulpen und Sonnenblumen, sondern auch wildwachsende heimische Kräuter und Wiesenblumen wie Disteln und Mohnblumen oder Zierpflanzen wie Lilien schmücken als Fliesenmotive und Fassadenornamente fortan Hauseingänge und Fassaden. Für die floralen Motive stehen nicht selten traditionelle japanische Nationalpflanzen Pate, etwa Chrysanthemen, Kirschblüten, Ginkgoblätter oder der exotische Bambus. Blütenkränze und -sträuße sind im Historismus verbreiteter und im Jugendstil seltener zu finden, auch wenn sie für diesseitige Freuden, schwelgerischen Lebenswandel und den Kreislauf des Lebens stehen. Der in Deutschland wirkende belgische Jugendstil-Architekt und Designer Henry van de Velde hatte ein ausgeprägtes Faible für Blumen: »Ich liebe die Blumen, die die Augen der Erde sind, die sich öffnen, sobald sie erwachen […].«

SIEG ÜBER DIE EULE

Gehen Sie nicht weiter! Dieses unscheinbare, zweigeschossige Mietshaus mit dem kleinen Turmaufbau entfaltet seine ornamentale Ausdruckskraft erst auf den zweiten Blick. Die eckigen Bauvolumina und das abgeflachte Mansarddach mit Schieferverkleidung verorten das Eckhaus in der Moltkestraße 46a zunächst nicht im Jugendstil, auch wenn es um 1900 erbaut wurde. Als Architekt (und Bauherr) tritt Otto Hausherr auf, dem Berlin eines der schönsten Jugendstilgebäude verdankt, die ebenfalls in diesem Buch zu findende Moselstraße 1. Dass die Jugendstilkünstler oftmals nicht ausschließlich Architekten, sondern gleichzeitig auch Stuckateure oder Maler sind, ist hier an den famosen Flachornamenten in Rechteckmodulen zu erkennen. Sie kommen aus der japanischen Kunst, die um 1900 einen großen Einfluss auf die Kunstströmungen des Westens ausübt. Das XXL-Blendfeld über zwei Geschosse links neben dem Erker zeigt einen großen Kastanienbaum mit Eichhörnchen. Und dann sind da noch die Wassergeister. Die Idee, bestimmte Geister dem Element Wasser zuzuordnen, stammt ursprünglich aus der Elementargeisterlehre der Naturphilosophie. Sie fungieren als Bindeglieder zwischen Natur und Kultur. Hier haben sie spitze Fangzähne, werden aber von lieblichen Seerosen und anderen Pflanzen umspielt. Im Ursprungsentwurf existiert unter der sich im Eichenlaub versteckenden Maus noch eine Eule, die jedoch in die andere Richtung blickt und als Jägerin offenbar erfolglos bleibt. Und so thront die siegreiche Maus bis heute allein über der Eingangstür.

→ Moltkestraße 46a, 12203 Berlin

EULE

Die Eule ist ein sehr symbolträchtiges Tier. In der Antike gilt sie als Symbol der Weisheit und Intelligenz. Sie ist mit der griechischen Göttin Athene verbunden, die schon Homer als »eulenäugig« im Sinne von »die, die im Dunkeln sehen kann« beschreibt. Da die Eule in der Dunkelheit alles erkennt, wird lange Zeit angenommen, dass sie mit ihren Augen Licht erzeugen kann, das wie durch ein Fenster nach draußen dringt. In der christlichen Symbolik, im alten Ägypten und bei den Römern gelten Eulen jedoch als Zeichen für die Mächte der Finsternis und der Trauer. Aufgrund der aufkommenden Begeisterung für alles Mystische, Abgründige, Dunkle und Dämonische wirkt die Eule im Jugendstil eher interessant als abschreckend. Selbst Tiere der Nacht, die sogar oft mit einer Phobie verbunden werden, wie Schlangen oder Raben, lassen sich als Fassadendekor finden. Dieser »Nachtseite« des Jugendstils steht eine hellere, freundliche Seite gegenüber. Die Eule beschützt das Haus, an dessen Fassade sie meist im oberen Drittel zu finden ist, und bewacht die Früchte des Tages. »Wenn die Eule ruft, ist die Nacht still«, schreibt der französische Schriftsteller Charles de Leusse.

PINIE

Es sind vor allem ihre dekorativen Büschel, die die Pinienzweige zu einem Pflanzenornament der Extraklasse machen. Als Jugendstil-Fassadenschmuck sind sowohl Pinien als auch deren Zapfen in Berlin häufig zu finden. Der Baum gehört zur Gattung der Kiefern und hat dementsprechend hellgrüne, leicht gebogene Nadeln, die bis zu 20 Zentimeter lang werden können. Die Baumkrone wird erst ab einem Alter von über 50 Jahren zu einer pyramidale Schirmform, der Stamm bleibt kahl. Die Pinie, auch als Mittelmeer-Kiefer bekannt, gilt seit der Antike als Fruchtbarkeitssymbol. Im Christentum wird sie als Lebens- bzw. Paradiesbaum und ihre prägnanten Zapfen als Symbol der Unsterblichkeit angesehen. Als Dekor können die Zapfen als Pforte zum Paradies verstanden werden.

HAUS DER GRAZIEN

Ein Bäckermeister aus Lichterfelde tritt als Bauherr dieses über Eck gebauten Mietshauses in der Roonstraße 39 in Lichterfelde in Erscheinung. Eduard Fensky hat sehr genaue Vorstellungen, was die Ornamentik und die Giebelgestaltung angeht, und beauftragt 1904 einen Profi mit dem Entwurf: Otto Hausherr. Dieser entscheidet sich für einen Schweifgiebel, in dem zwei Grazien in ausgeschnittenen Blumenkleidern und mit aufwendiger Haarpracht verführerisch von oben herabblicken. Die im Jugendstil so beliebten und hier extra groß verewigten Femme fatales machen dieses Haus noch immer zu einer Besonderheit, die Damen sind heute noch offenherziger gekleidet. Der Zweite Weltkrieg hinterlässt seine Spuren an dem fünfgeschossigen Eckensemble. Im Zuge der Entkleidung des famosen, mit einer Zwiebelkuppel ausgestalteten Eckturms nach einem Bombeneinschlag im hinteren Gebäudeteil kennen auch die Grazien im Giebel kein Halten mehr und entblößen ihre Brust.

Laut Bauakte eröffnet in dem Gebäude 1932 »ein Lokal für öffentliche Tanzlustbarkeiten«. Der Vorgarten wird ein Jahr später zu einem Biergarten mit Schanklizenz, und die üppig mit Pflanzenornamenten bestückte Fassade zu einer perfekten Kulisse. Der Topos der wollüstigen Laszivität überträgt sich schließlich scheinbar auch auf das Innenleben des inzwischen in Eigentumswohnungen umgewandelten Ensembles. Ein Bordell bespielt einige der großzügig geschnittenen Räume. Dass in einem der Hausflure die Jugendstilfliesen mit der Kennung »Fantasieblüte« erhalten geblieben sind, tut ein Übriges. Hier ist Leben drin.

→ Roonstraße 39, 12203 Berlin

MUSEN

Um 1900 gibt es vorwiegend männliche Architekten – und die stellen bei der Gestaltung der Fassaden oftmals Frauen in idealisierten Formen und verführerischen Posen dar. Schlanke, attraktive Frauen mit wallendem, Kraft und Anmut verkörperndem Haar tauchen an Fassaden auf. Sie werden jedoch auch oft als künstlerisches Symbol in ihrer Dualität gezeigt: als nur leicht bekleidete, androgyne Verführerin und Muse (Femme fragile) oder als Verderben und Unheil bringendes Weib (Femme fatale), das nicht selten mit Schlangenhaaren als Medusa zu finden ist. Frauenfiguren symbolisieren im Jugendstil eine für den Mann nicht zu erreichende Traumwelt. Ein dritter, vornehmlich an Jugendstilfassaden zu findender Typus ist die Femme fleur, eine Symbiose aus Frau und Pflanze, die bis zur völligen Verschmelzung beider gehen kann. Dabei wird der Frauenkörper bewusst reduziert auf Kopf und Brüste und geht einher mit dem Ineinanderwachsen von menschlicher Gestalt und floraler Metamorphose. Die Darstellung von Frauen und Blumen ist in der abendländischen Malerei seit Jahrhunderten ein beliebtes Thema, aber erst der Jugendstil bringt das Sujet an die Fassaden. Blumen und Frauen, die beiden zentralen Symbole des Jugendstils gehen hier eine Symbiose ein.

»BLUMEN SIND DIE AUGEN DER ERDE«

Ein Buntglasfenster, von dem die Nachwelt träumt. Es könnte aufgrund seiner Opulenz in Brüssel, Sankt Petersburg oder Nancy zu finden sein. Die Suche nach dem Architekten dieses Jugendstilwohnhauses am Hohenzollerndamm 89 im Stadtteil Schmargendorf gestaltet sich schwierig. Die freundliche Frau Hube vom Landesdenkmalamt nimmt sich der Sache an und schreibt das Wohnhaus dem Berliner Architekten Heinrich Theising zu, der auch das Nachbarhaus an der Ecke Karlsbader Straße, das Empfangsgebäude der S-Bahnstation Hohenzollerndamm und das Jugendstilhaus in der Barfusstraße entworfen hat. Das Baujahr 1904 passt zum Jugendstil. »Alles, was zum Leben gehört, soll Schönheit empfangen«, schreibt Peter Behrens anlässlich der Eröffnung der Mathildenhöhe im Jahr 1901. Buntglasfenster bieten eine bleiverglaste Bühne an der Grenze zwischen Außen- und Innenwelt. Das mit Mohnkapseln gestaltete, weiße Balkongeländer auf halber Höhe des famosen Fensters macht die Illusion perfekt. Auch wenn einzelne Scheiben durch Druckwellen im Zweiten Weltkrieg zerbersten und später durch Kathedralglas ersetzt worden sind, hat man das Gefühl, in einen verwunschenen Garten zu blicken. »Blumen sind die Augen der Erde, die sich öffnen, sobald sie erwachen«, schrieb Henry van de Velde. Im vierten Stock ergänzen drei Rundbogenfenster aus grünen Blättern den fragilen Garten. Im Erdgeschoss sind zusätzlich zwei kleine quadratische Fenster mit Mohnblüten zu finden. Im Jugendstil wird die halluzinogene Wirkung des Schlafmohns romantisiert. Der bzw. die Glasmaler können auch in den Bauakten nicht ermittelt werden. Allerdings verrät das Archivbild, dass das XXL-Fenster schon im Ursprungsentwurf eingeplant ist. Neben dem pompösen Eckensemble in der Karlsbader Straße nimmt sich dieses viergeschossige Wohnhaus mit der Fassade aus Ziegelsteinen und Putz eher bescheiden aus. Loggien, Rundbalkone und ein dreigeschossiger Erker verorten es jedoch zweifelsfrei im Jugendstil. Das Dach wird im Zweiten Weltkrieg beschädigt und 1948 in abgewandelter Form ergänzt.

→ Hohenzollerndamm 89, 14199 Berlin

zum
vom

FARBENDÄMMERUNG

Heinrich Theising ist als Architekt und Bauherr um 1900 sehr begehrt und schwer beschäftigt. Er entwirft mit Vorliebe hochherrschaftliche Wohnhäuser in repräsentativer Lage. Auch dieser fünfgeschossige Prachtbau mit Eckturm, Dreiecksgiebel und stark rhythmisierter Fassade am Hohenzollerndamm 90, 91 stammt aus seiner Feder. Das 1905 fertiggestellte Mehrfamilienhaus wird im Originalentwurf im oberen Fassadenbereich mit Fachwerk ausgekleidet, das bis heute erhalten ist. Theising verwendet mit Vorliebe Putz und Holz und entscheidet sich als Blickfang vor allem im oberen und unteren Fassadenbereich für Rundbogenfenster. Das angrenzende Wohnhaus an der Kreuzung zur Karlsbader Straße, das mit Segmentbogenloggien und einem noch größeren, polygonalen Eckturm aufwarten kann, sieht einstmals ähnlich aus, wird dann aber entstuckt. Ein Lichtschacht mit wunderschönen Buntglasfenstern ist noch erhalten und sorgt nach wie vor dafür, dass die Räume Tageslicht bekommen. Mitten im Krieg, im Jahr 1944, wendet sich der Eigentümer in einem Schreiben an den Oberbürgermeister mit dem Gesuch, die Immobilie »nach Beendigung des Krieges« auszubauen und um vier Wohnungen zu erweitern, sofern »mein Haus stehen bleibt«. In den 1990er-Jahren werden die geräumigen Wohnungen teilweise in Büroflächen umgewandelt. Zwischenzeitlich zieht die Deutsch-Canadische Handelsgesellschaft in den 1. Stock, nachdem zuvor eine Nutzungsänderung genehmigt wird. Das Ensemble wartet mit dem eigenwilligsten Vestibül von Berlin auf. Hinter dem schlanken Rundbogenportal eröffnet sich ein Mosaikkunstwerk aus Glasmosaiken und Fliesen, das die Eingangshalle in grün-blau changierende Pilaster mit Kapitellen aus gelben Sonnenblumensteinen mit einer rosafarbenen Orchidee in der Mitte einfasst. Als i-Tüpfelchen befindet sich inmitten des Farbrausches eine Etagenflügeltür in XXL-Format, deren Buntglasscheiben teilweise noch im Original erhalten geblieben sind. Der Urheber kann auch in der Bauakte nicht ermittelt werden.

→ Hohenzollerndamm 90, 91, 14199 Berlin

90

S-BAHNHOF MIT PREUSSENADLER

Das denkmalgeschützte, 1910 eingeweihte Empfangsgebäude des S-Bahnhofs Hohenzollerndamm in Wilmersdorf ist auf den ersten Blick nicht als solches zu erkennen. Es fügt sich wie ein gewöhnliches Wohnhaus mit Schildgiebel in die Straßenbebauung ein. Mit dem Gebäude nachträglich verbunden wird ein separater, kleinerer, ebenfalls giebelgeschmückter Zugang zum tiefergelegenen Bahnsteig. Die mit Muschelkalk verkleideten Bauten im Stil der beginnenden Moderne weisen Jugendstilornamente aus Sandstein auf: Brüstungsfenster sind mit verschiedenen Tiermotiven ausgestaltet. Die Geschichte Berlins ist eng mit der Adelsfamilie der Hohenzollern verbunden, die als preußische Kurfürsten, Könige und Kaiser den Aufstieg der Provinzstadt zur Reichshauptstadt prägen. Auch der S-Bahnhof macht schon damals seinem Namen alle Ehre: An der Fassade wird ein stolzer Preußenadler aufgebracht. Heute thront er noch immer mit geöffneten Schwingen auf dem zentralen Dachfirst. Die Wappen Preußens zeigen einen goldbewehrten, einköpfigen schwarzen Adler. Im Jugendstil gilt der Vogel als Beschützer des Gebäudes. Der Entwurf dieses eindrücklichen Bahnhofsensembles stammt vom renommierten Architekten Heinrich Theising. Das Mosaik im Eingangsbereich ist verschwunden, es ziert heute die Fassade eines Seniorenheims in der Königsallee im Grunewald.

Im Zuge der Sanierung im Jahr 1988 wird der Bahnsteig unter die Brücke Richtung Südosten verschoben, um einen weiteren Zugang von der anderen Straßenseite einzurichten. Seit 2002 ist dieser Bahnhof wieder Teil der nach der Wiedervereinigung sanierten, neu in Betrieb genommenen Ringbahnlinie. Sie verkehrt seit 1877 auf einem geschlossenen, jedoch durch den Bau der Berliner Mauer an zwei Stellen zwischenzeitlich unterbrochenen Ring um die Innenstadt von Berlin auf einer Strecke von 37 Kilometern. Von oben betrachtet erkennt man anhand der nicht ganz kreisförmigen Streckenführung einen »Hundekopf«, der Eingang in den Sprachgebrauch der Berliner Politik gefunden hat.

→ S-Bahnhof Hohenzollerndamm,
10713 Berlin

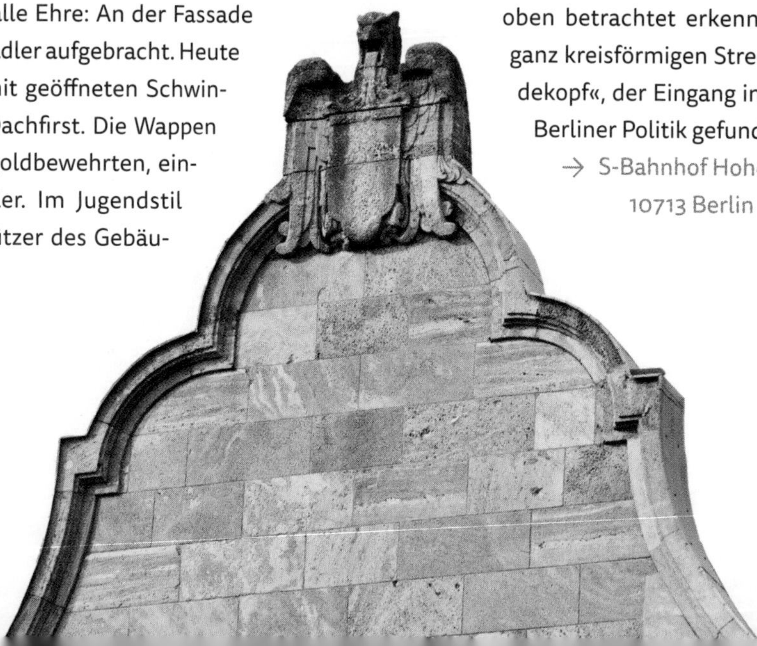

HOHENZOLLERNDAMM

WESTEN

UNTERWASSERWELT MIT DINO

Der dreigeschossige Bau neben dem Haupteingang des Zoologischen Gartens wird 1913 von den Architekten Zaar & Vahl im Jugendstil entworfen. Der Bauherr und Direktor des Aquariums in der Budapester Straße 30–36, Oskar Heinroth, legt nicht nur den Grundstein für die vergleichende Verhaltensforschung in Deutschland. Er baut auch ein Aquarium, das eine Kulturinstitution werden soll. Das Salzwasser für die empfindlichen Meeresbewohner wird in Lastkränen von der Nordsee über die Elbe zum Landwehrkanal und von dort mit einem Schlauch ins Becken geleitet.

Innovation und Qualität sind Oskar Heinroth von Anfang an wichtig. Für den Bauschmuck engagiert er den bekannten Künstler Heinrich Harder, dessen Interesse für prähistorische Tiere sich auch in den Majoliken, Mosaiken und Reliefs im und am Gebäude widerspiegelt. Das einzigartige Jugendstil-Treppenhausfenster im Eingangsbereich entwirft Harder zusammen mit den Brüdern Hermann und Franz Friese. Die mit Korallen, Fischen und Seepferdchen gestaltete Unterwasserwelt lässt noch genügend Raum für schlichte wasserblaue Buntglasscheiben mit kleinen Muscheln an den Bleistegen. Das Kunstwerk übersteht den Zweiten Weltkrieg im Keller des Aquariums, in den Heinroth die kostbaren Scheiben zuvor verfrachtet hat. In einer Bombennacht 1943 nimmt die Erfolgsgeschichte des Berliner Aquariums dennoch ein jähes Ende. Das Ensemble wird massiv zerstört, einige Gebäudeteile wie die Jugendstil-Eingänge mit den Echsen (vorne) und Walrössern (hinten) bleiben jedoch erhalten. Erst als die schwierigen Nachkriegsjahre überstanden sind, entwickelt sich das Aquarium zum modernsten und artenreichsten seiner Art weltweit. Die Beschaffung exotischer Tiere gestaltet sich schwierig, zuweilen bringen Berliner von ihren Reisen aus aller Welt eigens Spezies als Geschenke für das beliebte Aquarium mit.

Die Fassade mitsamt der Tierdarstellungen wird im Zuge einer weiteren Sanierung Anfang der 1980er-Jahre anhand von Fotos vom Bildhauer Jochen Ihle restauriert. Die lebensgroße Dinosaurier-Skulptur am Hintereingang, die der Kreidezeit-Spezialist Harder entworfen hat, übersteht den Krieg unbeschadet. Der beliebte Iguanodon ist fünf Meter groß und noch immer ein erstklassiges Fotomotiv.

→ Budapester Straße 32, 10787 Berlin

AQUARIUM

TRAUMWELT MIT NIXEN

Ein Rundbogenportal wie nicht von dieser Welt: Als Einheit mit dem nierenförmigen Fenster darüber, das von zwei sinnlichen Musen umschmeichelt zu werden scheint, erstreckt sich der eindrucksvolle Eingang über zwei Etagen. Über diesem Portal empfangen zwei schlanke, leicht bekleidete Frauenfiguren mit wallendem Haar und umgeben von Blumenornamenten Besucher und Bewohner. Sie gehören zu den im Jugendstil gern verwendeten Femmes fragiles. Das fünfgeschossige Mietshaus in der Pariser Straße 62, 1900–1901 von Julius Huch erbaut, ist außerdem in den oberen Etagen großflächig in Flachornamente gehüllt. Thematisch stehen zwei wellenumspülte Nixen an den Erkerfeldern im Vordergrund, die ein beliebtes Sujet im Jugendstil sind und deutlich moderner wirken als die in einer Nische im 4. Stock eingestellte Frauenfigur in antikisierendem Gewand. Die Erkerkonsolen sind so prägnant, dass sie das nicht ganz symmetrische Gebäude eher im Neoklassizismus verorten. Dasselbe gilt für das nachträglich ergänzte hohe Walmdach mit den beiden aufwendig dekorierten Dachhäuschen und Vasenaufsätzen. Und doch zeigen die verschiedenen Fensteröffnungen und Loggien, die Blumenornamente auch im Vestibül und die schemenhaft zu erkennenden Fratzenköpfe Einflüsse des Jugendstils.

→ Pariser Straße 62, 10719 Berlin

DAS KÖNIGLICHE HAUS

»Möchten Sie ägyptisch wohnen, von der Geiergöttin Nechbet beschützt werden und ewig leben, dann ziehen Sie in die Pariser Straße 61!«, schreibt Bernt Müller im *aMun-Magazin*, einem Heft für die Freunde ägyptischer Museen und Sammlungen. Das Haus ist eines der wenigen Wohnhäuser in Berlin, das die Einflüsse Ägyptens im Jugendstil deutlich macht. Es gibt mehrere Epochen, in denen sich die Begeisterung für ägyptische Motive in der Architektur niederschlägt. Im Jugendstil wird jede exotische Inspiration bereitwillig angenommen, dazu zählt auch das Egyptian Revival.

Auf dieser Fassade wird eine Gesamtdarstellung des Alten Ägypten versucht. Der symmetrische Fassadenaufbau, aufwendige Pilaster, mit Papyrusbündelsäulen verbundene Balkone und eckige Bauvolumina inklusive Kranzgesims und zweigeschossigem, verglastem Atelier in den oberen beiden Stockwerken erinnern an ein Tempeltor. Die mit ägyptischer Perücke ausgestalteten Hathorköpfe an den Brüstungspfosten der Balkone werden in derselben metallisch-braunen Farbe angepinselt wie die Lettern mit dem Baujahr, die auf Höhe der Erkerbalkone das Baujahr verkünden: »ANNO:DOM:1904«. Darüber ist ein schmales Band mit Tieren des afrikanischen Kontinents zu erkennen. Über den paarigen, als maurische Hufeisenbögen gestalteten Eingangstüren steht ein lateinisches »Salve«. Dann breitet jedoch die ägyptische Himmelsgöttin Nechbet in Gestalt eines Geiers, dem Symbol der Transformation, ihre Schwingen aus. Zwischen den beiden Fenstern weiter oben thront eine lebensgroße Halbskulptur mit Stirnband und dem Anch-Symbol, das ägyptische Kreuz, das für das Weiterleben im Jenseits steht. Das lange Gewand mit einem Knoten auf Brusthöhe weist sie zweifelsfrei als Göttin Isis aus, die ihren Blick auf einen Strauß mit Lotosblüten richtet, dem Symbol der Sonne und des ewigen Lebens. Hinter ihrem Kopf ist ein Dreifuß zu sehen, aus dem heilige Kräuter entweichen, die sie, wie die Pythia im Orakel von Delphi, zu Weissagungen animieren. In quadratischen Friesen tanzen Figuren, schemenhaft zu erkennen sind Kinder mit typisch ägyptischem Kopfschmuck, tanzende Gestalten und eine Landschaft mit Nil und Wüste.

Der Architekt Gustav Bähr ist kein Unbekannter. Er hinterlässt allein in Berlin drei weitere denkmalgeschützte Wohnhäuser. Als Bauherr tritt Otto Jaegeler in Erscheinung, ein Maurermeister und Ziegeleibesitzer. Die Ikonografie der Fassade weist dieses eigenwillige Wohngebäude als »königliches Haus« aus und zeigt den Ehrgeiz der Architekten um 1900, neue Ideen zu entwickeln. Untypisch für den Jugendstil ist an diesem Haus die kalkweiße Fassadenfarbe.

→ Pariser Straße 61, 10719 Berlin

ANNO:DOM:

ANNO:DOM:1904.

Salve.

DIE WELT VON GESTERN

Beim Anblick der überwiegend großbürgerlichen Mehrfamilienhäuser am Ludwigkirchplatz fällt einem unwillkürlich Stefan Zweig ein: »In der Tat wurde ein allgemeiner Aufstieg zu Ende dieses friedlichen Jahrhunderts immer sichtbarer, immer geschwinder, immer vielfältiger. Auf den Straßen flammten des Nachts statt der trüben Lichter elektrische Lampen, die Geschäfte trugen von den Hauptstraßen ihren verführerischen neuen Glanz bis in die Vorstädte.« In seinem Werk »Die Welt von gestern« beschreibt der österreichisch-britische Schriftsteller die Verheißungen, die den Beginn des 19. Jahrhunderts in Berlin so besonders machen. Auch das

fünfgeschossige Wohnhaus von W. Kück, entworfen im Jahr 1902 von den beiden Architekten Simon Hindermann und Hans Carterlein, erzeugt eine gewisse Sehnsucht nach vergangener Pracht. Das famose Eckgebäude mit der Akzentuierung auf Erker-, Balkon- und Loggiazonen und einem über sieben Fensterachsen reichenden Giebel übersteht glücklicherweise den Zweiten Weltkrieg. Allerdings nicht unbeschadet. Das Spitzdach über dem Rundbogengiebel wird zerstört. Der exquisite Turmaufbau auf der Ecke von Hausnummer 12 wird 1957 aufgrund fehlender Gelder für die Instandsetzung kurzerhand abgerissen. Geblieben ist ein abgewalmtes Mansarddach, die jugendstiligen Bauvolumina und die florale Ornamentik. Die filigranen Blumenreliefs in den Fensterbrüstungsfeldern, im Giebelfeld und an den Balkonen verleihen dem Ensemble eine feierliche Eleganz. Das um einen Innenhof konzipierte Wohnhaus ist mit zwei unterschiedlichen Fassaden ausgestaltet, die jeweils horizontal mit Biberschwanzreihen betont werden. Das Eingangsportal in einer abgewandelten Vieleckform wird durch einen gemauerten Rundbogen in Szene gesetzt. Im Ursprungsentwurf gibt es die entstellenden Klinkerergänzungen rechts vom Portal nicht. Die Segmentbogenfenster im Erdgeschoss sind so einladend, dass sich im Ecklokal meist ein Restaurantbetrieb einmietet. Der achteckige Platz erhält 1895 seinen heutigen Namen, als der Grundstein für die im neogotischen Stil entworfene Sankt-Ludwigs-Kirche gelegt wird.

→ Ludwigkirchplatz 12, 10719 Berlin

12

DIE FARBE KEHRT ZURÜCK

Die Fassade dieses 1899 von Paul Lingner und Hugo Tietz entworfenen Mietshauses mit Ladenlokalen in der Schlüterstraße 29 und 30 lohnt einen zweiten Blick, auch wenn die dunkelgelbe Grundierung nicht sehr anziehend wirkt. Das Ensemble ist nicht nur von den architektonischen Formen, sondern auch von der Ornamentik eindeutig dem Jugendstil zuzuordnen, obwohl ein erster Entwurf eine neobarocke Fassade vorsieht. Doch genau zu der Zeit erreicht der Jugendstil Berlin und diese spontane Abänderung bringt den Architekten eine lobende Erwähnung in der Zeitschrift *Berliner Architekturwelt* ein. Über drei Stockwerke läuft der Erker, der mit einer sich über das Gebäude erhebenden Giebelspitze optisch abschließt. Er betont die Vertikale der linken Gebäudehälfte, ein typisches Jugendstilmerkmal. Die unterschiedlichen Fenster(formen), aber auch die Loggien und Balkone sind mit aufwendiger Pflanzenornamentik ausgestaltet. Vornehmlich sind es Rosen und Sonnenblumen, einige Brüstungsfenster sind jedoch nach der Rekonstruktion leer geblieben. Dafür strahlt das florale Ornament am zentralen Erker mit dem Jahr der Fertigstellung (»1900«) umso heller. Das gibt es oft im Jugendstil. Das Baujahr wird, eingebettet in florale Ornamente, an die Fassade gemogelt, um den Betrachter neugierig zu machen.
Zwei Innenhöfe gehören zu der fünfgeschossigen Bebauung. Im linken Eingang tauchen Original-Jugendstilfliesen auf, die die Fassadenfarbe wieder aufnehmen und perfekt zu dem Ensemble passen. Das ganze Haus umweht ein Duft von frischen Backwaren, seitdem die Bäckerei Schnell hier eingezogen ist. Das angrenzende Eckgrundstück zeigt zwar eine ähnliche Fassadengestaltung, gehört jedoch einem anderen Besitzer.

→ Schlüterstraße 29, 10629 Berlin

59
GALERIE
BROCKSTEDT
galerie ulrich fiedler

WO SIND DIE FRÖSCHE?

Es ist schwer zu begreifen, dass dieses einstmals so prächtige Mietshaus in der Mommsenstraße 59 heute nurmehr für das Eingangsportal und das Vestibül Denkmalschutz genießt. Entworfen hat es 1904 der Architekt Albert Bühring. Im Zweiten Weltkrieg zerstört eine Bombe den oberen Teil des Hauses. Als wäre das für die Bausubstanz nicht schon schlimm genug, verschwindet der Rest des Fassadenschmucks im Zuge der Entstuckung in den 1950er- und 1960er-Jahren. Die Fassaden werden ›geglättet‹, um sie moderner aussehen zu lassen. Der Schriftsteller Wolf Jobst Siedler kritisiert das Berliner Phänomen der Entstuckung in seinem Buch »Die gemordete Stadt« als »Symptom einer geschichtsfeindlichen Moderne« und als »Untergang des Städtischen«. So ist an diesem Haus nur noch an dem dreigeschossigen Erker, an den Loggien mit Rundbalkonen und an dem nierenförmigen Dachfenster im Giebel zu erkennen, dass hier der Jugendstil zu ungeahnter Blüte gereift war. Nur die Bauakte verrät heute noch, wie es ausgesehen hat: Eine gigantische Eule mit Bart und floralem Riesenhut als Giebelaufbau verleiht dem »rasierten« Baudenkmal auf dem Papier eine mystische Erhabenheit. Die Tatsache, dass der Erker einstmals von zwei Nymphen, opulentem Ranken- und Blumenschmuck und zwei famosen Fröschen umspielt wurde, zeigt den Einfallsreichtum jener Zeit. Frösche stehen im Jugendstil für den Frühling und den zu erwartenden Regen und sind somit ein Glückssymbol. Das Eingangsportal mit den vier Rosenkonsolen ist erhalten geblieben. Die das Haus vor bösen Geistern vermeintlich beschützenden Fratzen scheinen erst später hinzugekommen zu sein. Vielleicht hätten sie die gefährlichen Stucktalibane sonst in die Flucht getrieben? Die illustre Bewohnerschaft des fünfgeschossigen Wohnhauses kommt zumindest noch immer in den Genuss des original erhaltenen Jugendstil-Interieurs. Einer der Nachbarn zeigt stolz den Kachelofen, den er aus Ehrfurcht nie benutzt hat. Er macht

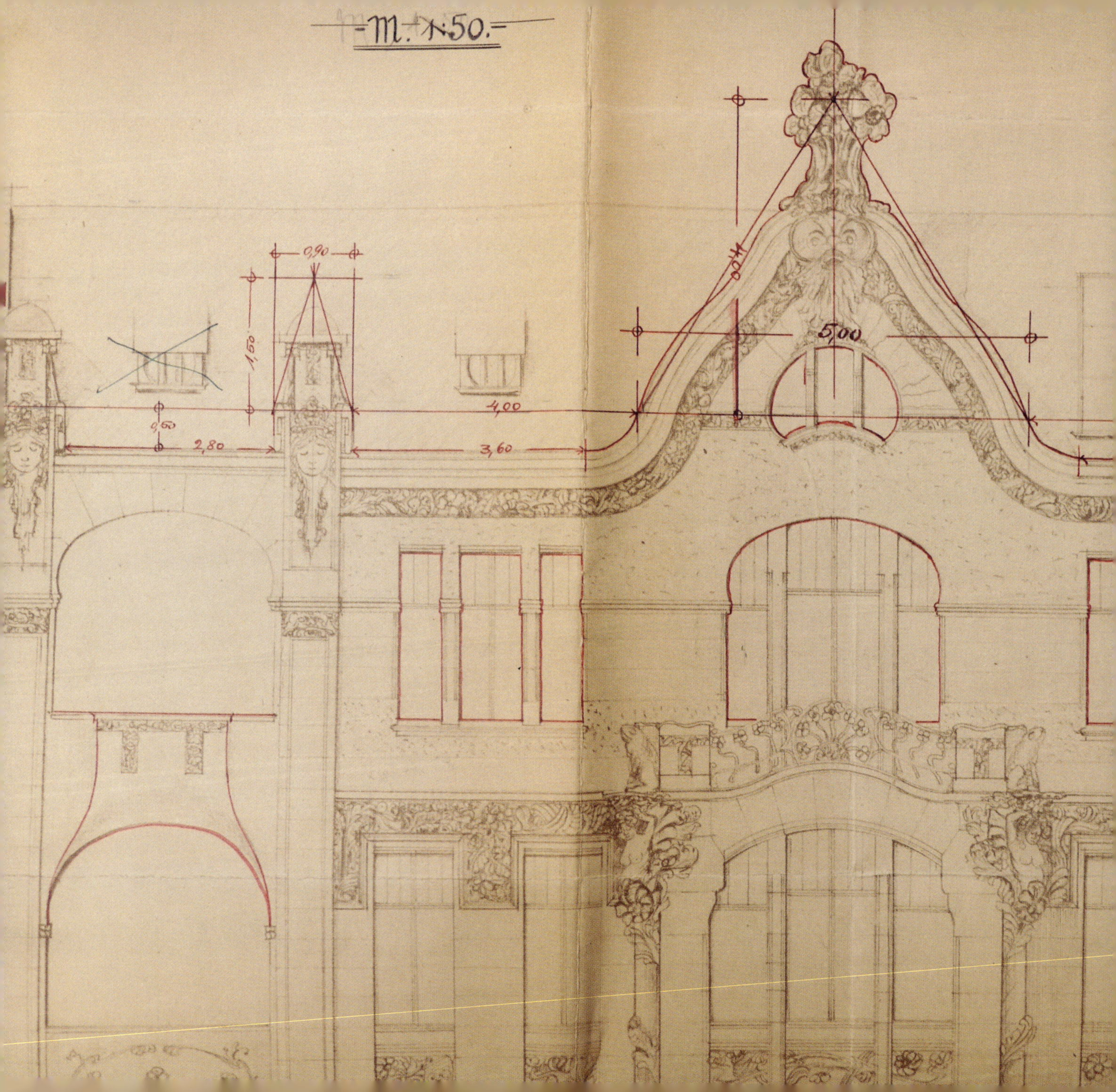
M. 1:50.
0,90
1,50
0,50
2,80
3,60
4,00
4,00
5,00

Albert Bühring
Architect
Atelier für Architectur
und Bauausführungen
Charlottenburg, Windscheidstr. 32
Tel. Amt Charl. No. 3998
0,90
1,50
2,80

auch auf die noch erhaltenen Originalfenster im oberen Teil des Treppenhauses aufmerksam. Üppige Granatäpfel, die im Jugendstil für Fruchtbarkeit und schöpferische Gestaltungskraft stehen, tauchen das Treppenhaus in ein rosafarbenes Licht. Der Galerist Ulrich Fiedler im ersten Stock hat sich auf Möbel der klassischen Moderne spezialisiert, die im direkten Kontrast zu dem Original-Jugendstil-Vestibül mit den bauchig ausschwingenden Heizkörperverkleidungen, dem geschweiften Durchgangsbogen und den als Weinreben konzipierten Handläufen am Treppenabsatz stehen. Für Fiedler gehört der Jugendstil zur Frühmoderne und ist somit eine Art Initialzündung für das Bauhaus. Die Galerie ist heute gleichzeitig seine 280 Quadratmeter große Wohnung, die sich als 1920er-Jahre-Utopia entpuppt und Besucher aus aller Welt anlockt. In dem Kontext bekommt dann auch der Jugendstil noch einmal (s)einen großen Auftritt.

→ Mommsenstraße 59, 10629 Berlin

GEOMETRISCHER JUGENDSTIL MIT WINTERGÄRTEN

Der Jugendstil kann verschiedenste Ausprägungen annehmen. In Wien experimentiert der Architekt Josef Hoffmann mit dem Geometrismus, einer eleganten Reduktion auf Elementarformen wie etwa das Quadrat; in Großbritannien beschäftigt sich Mackintosh mit schwarz-weißen Quadratmustern. Mit reduzierten formalen Mitteln wird auch an der Fassade dieses Charlottenburger Wohnhauses von Alfred Caspari und Alfred Langhammer in der Mommsenstraße 56 eine gestalterische Spannung erzeugt. Caspari tritt zudem als Bauherr in Erscheinung und ist bekannt für seinen extravaganten Geschmack. So entwirft er dieses achsensymmetrische »Zinshaus« nicht nur mit überhöhtem Mitteltrakt, sondern auch mit zwei kleinen Dachgauben. Die dreibahnig geteilten Stirnflächen der zwei Erker werden mit Kupferplatteneinlassungen und im dritten Stock mit Kupfermasken verziert. Besonders augenfällig ist jedoch die Gestaltung der sechs Loggienbalkone, deren Grundfläche jeweils einen eigenen kleinen Wintergarten mit Sprossenfenstern einschließt. Die gemauerten Brüstungen im dritten und vierten Stock sind mit quadratischen Öffnungen durchbrochen. Auch im Mittelteil der Fassade finden sich diverse Jugendstilelemente wie etwa die Flachornamente in Form von schelmenhaften Fratzen oder Blumen. Im vierten Stock sind figürliche Ornamente zu sehen, die an Putten erinnern. Die am oberen Gesims herunterzutropfen scheinenden Kanneluren nehmen das Quadratmotiv wieder auf. Die Rund- und Segmentbogenfenster im Erdgeschoss und das geschwungene Eingangsportal verleihen dem außergewöhnlichen Gebäude ebenfalls eine jugendstilige Note. Zu schade, dass die Balkongitter im fünften Stock im Nachhinein ersetzt wurden. Im Jahr 1989 wurde das Dach ausgebaut und die Fassade runderneuert.

→ Mommsenstraße 56, 10629 Berlin

GLÜCKSADLER MIT SUPERKRÄFTEN

»Beliebteste KU'DAMM-Seitenstr. GIESEBRECHTSTR., freundliches, familiäres Umfeld in bester Citylage« – das ist eine Beschreibung dieses Altbau-Ensembles bei Immoscout, in dem nur selten eine Wohnung frei wird. Der Architekt Josef Appelt entwirft für den Bauherrn und Maurermeister Ludwig Michaelis im Jahr 1904 dieses herrschaftliche Wohnhaus mit einer aufwendigen Fassadengestaltung. Mit Ausnahme der von einer Weltkriegsbombe zerstörten Giebelzone der oberen beiden Stockwerke ist sie erhalten, wenn auch leicht verändert. Die Fassade wartet mit glatten oder in feinen Wellen gezogenen Putzstreifen und ornamentierten Feldern auf. Die nicht ganz glücklich gewählte Farbe »Mausgrau« reflektiert so wenig Tageslicht, dass die famosen Tiere und Pflanzen aus Stuck erst auf den zweiten Blick sichtbar sind. Die Disteln sind allerdings so groß und naturgetreu dargestellt, dass man sogar vom Bürgerstein aus erkennen kann, wie der Blütenkelch in zwei rahmende Blätter übergeht. Sie ist ein beliebtes Symbol im Jugendstil, da sie als stand- und wehrhaft gilt und dämonische Mächte fernhält. Dunkle Mächte haben an dieser Schwelle ohnehin keine Chance. Über dem mit Fantasieblumen ornamentierten Eingangsportal sitzt – wenngleich erst seit einigen Jahren – ein majestätischer, mit Blitzen ausgestatteter Adler, den zwei Frauen-Maskarone beaufsichtigen. Schon im Jahr 1929 wird der Besitzer von der Baubehörde aufgefordert, aus »sicherheitspolizeilichem Interesse« den losen Stuck und Putz über dem Eingang der Immobilie mit der Hausnummer 20 »binnen längstens 8 Tagen abzustoßen«.

Auf dem Gesimsband darüber steht heute: »HIC HABITAT FELICITAS NIHIL MALINTRET« (»Hier wohnt das Glück, nichts Böses trete ein«). Im Ursprungsentwurf sind nur die zwei Drachenfriese über dem Eingang geplant gewesen. Die zwei Wasserdrachen links und die zwei Erddrachen rechts halten sich an den Schwänzen und somit ebenfalls Schaden von dem Haus ab. Allerdings haben die großzügigen Wohnungen unter diesem Dach auch andere Zeiten gesehen. Betty und Carl Joseph werden von hier aus 1942 ins KZ Theresienstadt deportiert – Stolpersteine weisen auf ihr Schicksal hin. Zudem wohnen hinter der bürgerlichen Fassade ab 1967 die neun Mitglieder der Kommune 2 in einer 7-1/2-Zimmer-

Wohnung. Wie zuvor die Kommune 1 soll in einer kollektiven Lebensgemeinschaft die Kleinfamilie als Zelle zerschlagen und kollektives Leben mit politischer Arbeit verbunden werden. Das Experiment endet ein Jahr später so abrupt wie die Ornamentik aus Lorbeerkränzen, Pinien und Weinranken über dem zentralen Balkon im vierten Stock.

→ Giesebrechtstraße 20, 10629 Berlin

20
ACHTUNG!

BLINDE AUGEN

Wenn Jugendstilkünstler die Fassaden oft als Theaterbühne sahen, dann ist dieses 1904–1905 vom Bauherrn, Maurermeister und Zimmermann Bruno Hubert entworfene Ensemble in der Giesebrechtstraße 3 ein Pendant zum Friedrichstadtpalast, der erklärtermaßen über eine der größten Bühnen weltweit verfügt. Das imposante Vorderhaus hat eine der schönsten genuinen Jugendstilfassaden in Berlin. Sie weist mit den dreigeschossigen Erkern, dem markanten Schweifgiebel und üppigen Rundbalkonen ohnehin eine hohe Plastizität auf. Im oberen Fassadendrittel bespielen zwei Halbskulpturen in Form von Adam und Eva die Bühne. Sie tänzeln um einen Fantasiebaum. Die über ihnen schwebenden Schlangen verheißen nichts Gutes, zumal die Schlange auf Adams Seite ihr Maul weit geöffnet hat. Das Treiben wird von zwei anmutigen Frauen-Maskaronen an den Giebelenden beäugt, die allerdings blinde Augen zu haben scheinen. Sie stehen im Jugendstil für eine irritierende Magie und sollen verborgene Welten erahnen lassen. Voluminöse Girlanden aus Lorbeeradaptionen bilden die Bühnendekoration auf allen Etagen. Bei der Sanierung 2010 treten diverse Schäden an den vielgestaltigen Ornamenten zutage, die in aufwendiger Handarbeit restauriert oder ergänzt werden. Über den magischen Frauen-Maskaronen rechts oben verbleibt eine Volute in der Modellierung aus den 1980er-Jahren, die die Firma Rost bei der letzten Sanierung, für die sie den Denkmalpreis bekommen hat, als ›Zeitzeuge‹ so belässt. In weiteren Rollen treten als Balkonfriese verschiedenste Pflanzen und Zweige in Erscheinung, auch ein Schmetterling fliegt in luftiger Höhe. Zwei Regieassistenten in Form von Flachreliefs sind an den Balkonen im ersten Stock zu finden. Was der Totenschädel über den Mittelfenstern zu sagen hat, bleibt Spekulation. Über dem Eingang sind zwei Löwen zu sehen, die ein in deren Mitte knieendes Mädchen besänftigt zu haben scheint. So kann in diesem Haus Frieden einkehren.

→ Giesebrechtstraße 3, 10629 Berlin

Ristorante Tre
Cucina Italiana

SCHLANGE

Die Schlange erlebt als Symbol für Leben und Erneuerung im Jugendstil ein Comeback, auch als Fassadenornament. In einer uralten Version des Schlangenmythos erschafft die Mondgöttin den Menschen, der unsterblich wie die Schlange sein soll, aber auch unter die Erde gehen und Zugang zu deren Kräften haben soll. Die Schlange gilt als Hüterin der Schwelle in eine andere Welt als Mittlerin zwischen Diesseits und Jenseits. Sie ist unsterblich und mit der Welt unter der Erde verbunden. Die Schlange kann sogar selbst Göttin sein oder als Attribut von Göttinnen dienen. Es gibt kaum ein Symbol von einer solchen Totalität und Dualität. Im Christentum wird sie zur Verführerin, zum Inbegriff der Finsternis und des Bösen. Je nach Kontext symbolisiert sie die schöpferische, kosmische, geheimnisvolle Kraft. Dann wieder steht sie für Licht, Wärme und Feuer. Die Schlange hat immer auch Zugang zu Zauberkraft und Heilwissen. Die gewundene Äskulap-Natter wird das Zeichen für Asklepios, den heilenden Gott. Die Schlange mit dem Stab ist noch heute das Zeichen der Ärzteschaft und der Apotheken.

Der biegsame und sich in wellenförmigen Linien fortbewegende Körper der Schlange passt perfekt zum fließenden, sinnlichen Jugendstil. Ihre lautlose Art, einfach aufzutauchen und genauso plötzlich wieder zu verschwinden, macht sie zu einem perfekten Begleiter der verderbenbringenden Femme fatale um 1900, deren Blick ebenfalls hypnotisierend sein und tödlich enden kann.

Deutsche Bank
Deutsche Bank

ZINSHAUS MIT GRUSSBALKON

Dieses aparte, mit einem Schildgiebel ausgestaltete Eckhaus in der Bismarckstraße 68 wird 1908 fertiggestellt. Als Architekt und Bauherr tritt der Maurermeister Hermann Bröseke in Erscheinung. Vertreter dieser Zunft investieren ihr Geld zu der Zeit häufig in Mietshäuser. Handwerker werden für ihre Tätigkeit fürstlich entlohnt und verfügen über ausreichend Sachkenntnis, um ihre Einkünfte in Immobilien anzulegen. Eines der elegantesten Jugendstilgebäude von Berlin entsteht auf dem exponierten Grundstück an der Ecke Windscheidstraße, auf dessen hinterem Teil in den 1950er-Jahren die beiden von Hans Bielenberg erbauten Filmkunsttheater Apollo und Allegro standen – und zum Leidwesen vieler Berliner Cineasten in den 1980er-Jahren abgerissen werden.

Das fünfgeschossige Wohn- und Geschäftshaus mit der frischen hellgelben Farbe wirkt sehr einladend. Rundgeführte Erker wechseln sich mit rechteckigen ab und beleben die asymmetrisch angelegte Fassade. Unter dem Schildgiebel thront ein Grußbalkon mit Rundbogenfenster. Die Fassade ist zurückhaltend geschmückt mit geometrischen Motiven, die eigentlich typisch für den Wiener Jugendstil sind. Dieser setzt sich bald ab vom Jugendstil anderer europäischer Metropolen wie Brüssel oder Glasgow, in denen thematisch florale Motive im Vordergrund stehen. Der rundgemauerte Eingang beherbergt gleich zwei Türen. Auch das ist typisch für den Jugendstil: Ein Dienstboteneingang wird von vornherein mitgeplant. Das Nachbarhaus Bismarckstraße 69 ist ebenfalls ein Baudenkmal des Jugendstils. Es wird 1910 fertiggestellt und von dem Architekten Richard Siebert erbaut.

→ Bismarckstraße 68, 10627 Berlin

WO SIND DIE LADYS?

An der Berliner Antikmeile an der Ecke Bismarckstraße liegt dieses schokoladenbraune, fünfgeschossige Mietshaus, das die Bauherren H. Meyer und S. Cohn zusammen im Jahr 1905 in Auftrag geben. Das Jugendstilhaus in der Suarezstraße 2 ist heute nicht denkmalgeschützt, denn große Teile der Originalbausubstanz sind im Krieg zerstört worden. An den dreigeschossigen, rundgeführten Erkern, den Rundbogenarkaden im vierten Stock und den Segmentbogenfenstern mit geschwungenen Teilen lässt sich die jugendstilige Grandezza noch erahnen. Als Offenbarung erweist sich der Blick in die Bauakte. Dort taucht nicht nur der Name des Architekten Wilhelm Semper auf. Interessant ist auch, dass bereits im Jahr 1911 ein Fahrstuhl in das Gebäude integriert wird. Das Highlight ist jedoch der Fassadenentwurf, der vor allem eines zeigt: Eine Bombe muss das wunderschöne, mit einem riesigen nierenförmigen Fenster ausgestaltete Dach plus Giebelhaube nahezu vollständig zersprengt haben. Warum allerdings zwar der Schweifgiebel nachempfunden, dabei aber die gesamte Dachfläche nur mit einem winzigen »Toilettenfenster« entstellt wird, kann auch anhand der Akten nicht geklärt werden. Gänzlich abhanden gekommen sind auch die mondänen Schaufenster der früheren Geschäfte im Erdgeschoss mitsamt ihren schmiedeeisernen Verzierungen. Man kann von Glück reden, dass die weiß gestalteten Brüstungsfenster der Erker nach Originalplänen mit floralen Motiven restauriert worden sind. Einige Maskarone als Schlusssteine werden nur vereinfacht, zwei barbusige Ladys am Giebel gar nicht erst wieder mit Leben erfüllt, aber die Löwenköpfe an den beiden obersten Erkerbalkonen sind so auch im Ursprungsentwurf zu finden. Neu hinzugekommen sind Adam und Eva im Flachrelief in der Fassadenmitte, die am Baum der Erkenntnis lehnen – ein beliebtes Motiv im Jugendstil.

→ Suarezstraße 2, 14057 Berlin

365
365
365
3,80
4,00
1875
11.11.05

FENSTERÖFFNUNGEN

Ein typisches Merkmal für die Einordnung von Jugendstilgebäuden ist die überbordende Formenfülle verschiedenster Fensteröffnungen. Auch die variantenreiche, meist organische Gestaltung von Fensterfüllungen, Simsen und Fensterrahmungen ist ein untrügliches Merkmal. Dabei sind es vor allem Rundbogen- und Korbbogenfenster, die sofort ins Auge stechen und die mit geraden oder geschwungenen, aber auch ganz ohne Sprossen produziert werden. Als Revival aus dem Neobarock tauchen Ovalfenster und nierenförmige Fenster im Jugendstil wieder auf. Über den Türen angebracht, werden sie nicht selten mit Buntglas ausgestaltet und lassen so ein angenehmes Licht in den Hausflur. Dass sie gleichzeitig den Blick nach draußen verhindern, passt gut zum oftmals selbstzentrierten Jugendstil. Weich geschwungene, meist aus Sandstein glatt in die Fassade geschliffene Öffnungen betonen den organischen, unkonventionellen Charakter eines Jugendstil-Gebäudes. Entdeckt man dreieckige oder bogenförmige Fenstergiebel, die sogenannten »Augenbrauen«, über den Fenstern, handelt es sich streng genommen nicht um ein echtes Jugendstilgebäude.

Bornimer Straße

ASCHINGERS MUSE

Das einzige im Stadtteil Halensee erhaltene Gebäude aus der Zeit um 1900 steht am Kurfürstendamm und ist ein Jugendstiljuwel. Das Eckgebäude des bekannten Architekten Hugo Tietz aus dem Jahr 1904 besticht durch ein Steildach mit gekurvtem Giebelfeld, das von zwei sechseckigen Erkern flankiert wird. Typisch für den Jugendstil sind die unterschiedlichen Fensterformen, die jeder Etage eine individuelle Note verleihen. Die Innenräume sind teilweise noch im Original erhalten und warten mit Kachelöfen, Holzverkleidungen und Stuck auf. Die Dachaufbauten in Form von Weltkugeln sind verschwunden; sie werden im Zweiten Weltkrieg von einer Bombe getroffen. Dafür kann die prachtvolle Jugendstilornamentik aus Girlanden, Maskaronen und Skulpturen erhalten werden. Das riesige Frauen-Maskaron im Giebel überstrahlt die seit der Fassadensanierung im Jahr 2015 zinnoberrot gestrichenen, schmiedeeisernen Balkongitter. Auf einem kreuzförmigen Grundriss thront die Dame mit den üppig drapierten Haarlocken im Fries und wirft einen eher distanzierten Blick auf das quirlige Treiben in Aschingers Biergarten. Über dem Eingang wacht eine geflügelte Sphinx auf einem rechteckigen Sockel. Ägyptische Anklänge sind in Mode und sollen den weltläufigen Hang des stadtbekannten Bauherren August Aschinger zur Exotik widerspiegeln. Der findige Schwabe aus Obererdingen baut zusammen mit seinem Bruder Carl die Firma Aschinger zum größten Restaurationsbetrieb Europas auf. Mit »Bierquelle« genannten Selbstbedienungslokalen revolutioniert das Duo die Berliner Gastronomieszene. An belebten Verkehrsknotenpunkten schießen die mit großen Schaufenstern, Spiegelwänden und Kronleuchtern ausgestatteten »Stehbierhallen feinsten Stils« wie Pilze aus dem Boden. Hinter der blau-weißen Dekoration gibt es bayrisches Flair, aber Urberliner Küche. Die belegten Brötchen und Bierwürstchen mit Kartoffelsalat werden wie Konsumgüter im Kaufhaus im Schaufenster ausgestellt. Es gibt

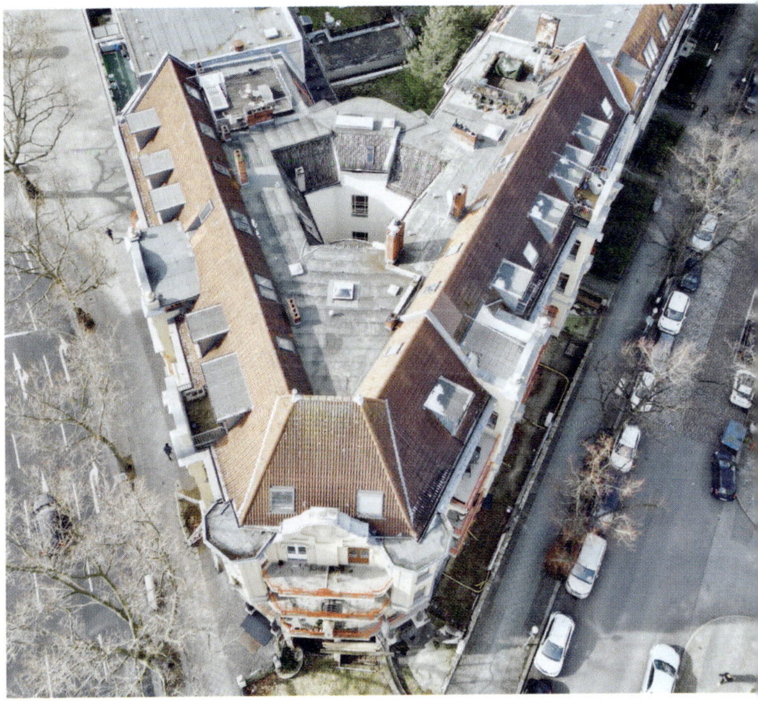

Schrippen aus eigener Backstube zu einem frisch gezapften Bier für die neue Berliner Mittelschicht, die nicht umsonst den Begriff »aschingern« prägt. Zu einem günstigen Einheitspreis können Angestellte, Studenten und einfache Beamte in ihren zumeist kurzen Mittagspausen zwischen verschiedenen frisch gezapften Bieren auswählen. Mit Zylinder darf man eintreten, jedoch nicht in Arbeiterkluft. Aschingers Lokale sollen sich bewusst von den typischen Berliner »Kaffeeklappen« abheben. In späteren Jahren werden die Lokalitäten größer und bieten auch warme Küche und Sitzplätze.

Aschinger profitiert von der Verlängerung des Kurfürstendamms nach 1882 und eröffnet vor seinem Mehrfamilienhaus einen Biergarten. Die A-förmige Grundrissform des Ensembles korrespondiert mit dem einstigen Firmenlogo. Als Aktiengesellschaft mit 30 Bierquellen schicken sich die Aschinger-Brüder an, die Welt der Luxushotels der Hauptstadt zu erobern. Aber mit dem Bau und Betrieb des Restaurants Rheingold und des Luxushotels Fürstenhof übernehmen sie sich. Der Erste Weltkrieg und der frühe Tod der Brüder 1909 und 1911 bringen das Imperium ins Wanken. Das endgültige Ende kommt mit den Bomben des Zweiten Weltkriegs. Dass heute ausgerechnet eine Anwaltskanzlei in die Etage mit den hinter Gittern zu lauern scheinenden Fratzen eingezogen ist, kann kein Zufall sein.

→ Kurfürstendamm 123,
10711 Berlin

DAS BRÖHAN-MUSEUM

Der leidenschaftliche Sammler Karl H. Bröhan gibt dem Landesmuseum für Jugendstil, Art Déco und Funktionalismus seinen Namen. Im Jahr 1983 wird das Privatmuseum mit fast 5000 Sammlungsstücken in die heutigen, einstmals zum Schloss Charlottenburg gehörenden Räumlichkeiten transferiert. Zuvor sind die Exponate zehn Jahre lang in einer eigens für diesen Zweck vom Sammler gekauften Dahlemer Villa auch für die Öffentlichkeit zugänglich. Der erfolgreiche Kaufmann veräußert 1965 seine Handelsfirmen, zieht von Hamburg in die Metropole Berlin und leitete das Museum bis zu seinem Tod im Jahr 2000. Der »antizyklische Sammler«, wie seine Frau ihn beschrieb, beschäftigt sich zunächst mit dem Berliner Porzellan des 18. Jahrhunderts aus der Manufaktur KPM, verkaufte diese Sammlung jedoch später an das Land Berlin.

Eine Ausstellung zum Jugendstil im Schloss Charlottenburg übt eine so große Faszination auf ihn aus, dass er sich fortan dem Aufbau einer umfangreichen Jugendstil-Sammlung und Fachbibliothek widmet. »Ich hatte bemerkt, dass in der Epoche um 1900 ein kaum bekannter Schatz lag, der nur darauf zu warten schien, gehoben zu werden« (Karl H. Bröhan). Bis heute zählt die Auswahl an Stilmöbeln zum Highlight des Museums. So sind unter anderem Möbelstücke von Peter Behrens, Henry van de Velde, Josef Hoffmann und Hector Guimard zu sehen. Letzterer ist mit einem Seerosenbuffet aus dem Jahr 1899 vertreten, entworfen für das Speisezimmer einer Stadtvilla. Geschwungene Streben in Form von Seerosenstängeln verleihen dem kompakten Möbelstück eine sinnliche Eleganz. Außerdem zu sehen ist eines von Guimards Geländerelementen für die Pariser Metro-Eingänge mit den für ihn typischen sehnigen Eisensträngen, flügelartigen Bedachungen und gusseisernen Kartuschen, die an Insektenpanzer erinnern. So entführt er die Passagiere in eine unterirdische Pflanzenwelt. Nicht umsonst wird der Jugendstil zuweilen auch als »style métro« bezeichnet. Victor Horta, der bekannteste belgische Jugendstilarchitekt und Erfinder der als »Peitschenhieb« beschriebenen »belgischen Linie« in der Architektur, rät Guimard bei einem Besuch in Paris: »Lassen Sie die Blumen und Blätter und nehmen Sie die Stängel.« Das lässt sich der sechs Jahre jüngere Guimard nicht zweimal sagen.

Einzigartig ist auch die Sammlung schimmernder Glasvasen in den typischen Jugendstilfarben Mauve, Schilfgrün und Goldgelb von Johann Lötz, die als ›Irisgläser‹ 1900 auf der Weltausstellung in Paris ausgestellt werden. Dort tummelt sich seinerzeit auch der flämische Künstler Agathon Léonard, dessen von modernem Ausdruckstanz inspirierte Porzellanfigurinengruppe für die Porzellanmanufaktur Sèvres die Goldmedaille gewinnt und noch immer ein Herzstück des weit über die Landesgrenzen hinaus bekannten Bröhan-Museums ist.

Im Laufe der Jahre kommen auf Initiative von Margrit Bröhan Werke der Berliner Sezessionisten in die Sammlung. Karl Bröhan, der gern das Sammler-Gen entschlüsseln lassen hätte,

»Ich hatte bemerkt, dass in der Epoche um 1900 ein kaum bekannter Schatz lag, der nur darauf zu warten schien, gehoben zu werden.«

KARL H. BRÖHAN

erweitert in den folgenden Jahren seine Sammlung um Art-déco-Kunst und Fundstücke aus der Zeit des Funktionalismus. Der seit 2013 amtierende Direktor Dr. Tobias Hoffmann geht neue Wege und richtet sein Augenmerk eher auf das fokussierte Präsentieren einzelner Objekte in ungewohnten Kontexten als auf die Kategorisierung nach Entstehungsphasen. In sachkundig konzipierten temporären Ausstellungen tauchen Besucher unter anderem ein in die faszinierende, facettenreiche Welt des Fin de Siècle. »Den Jugendstil als Bindeglied zwischen Historismus und modernem Funktionalismus verstehen zu lernen, ermöglicht es, ihm einen zukunftsweisenden Platz in der Geschichte zu geben« (Monika Bachmayer).

→ Bröhan-Museum, Schloßstraße 1a, 14059 Berlin

WALTER BENJAMINS BADEWANNE

»Im Winter brannte schon das Gas, wenn ich aus der Badeanstalt nach Hause ging. […] Wo die Krumme Straße den schärfsten Knick hat, lag ihr finsterstes Gelaß: das Schwimmbad mit den rotglasierten Ziegelmauern. Den Fuß über die Schwelle setzen bedeutete, von der Oberwelt Abschied nehmen« (Walter Benjamin, in: *Berliner Kindheit um 1900*, Suhrkamp 2000). Seit 1985 steht das historische Stadtbad mit der Hausnummer 9 aus Walter Benjamins Erzählungen unter Denkmalschutz. Der Architekt Paul Bratring wirkt in der noch selbständigen Gemeinde Charlottenburg und entwirft Industrie- und Kommunalbauten, unter anderem Berlins ältestes Volksbad. Hinter der mit Ziegelsteinen und Putzflächen aufwendig gestalteten, aber etwas abweisend wirkenden Fassade verbirgt sich ein seit der Sanierung 2009 türkisblau gestrichener Stahlskelettbau mit einem lichtdurchfluteten Pultdach und einer Empore im ersten Stock. Hinter den großen historisierenden Rundbogenmalereien im ersten Stock der Schwimmhalle sind ursprünglich Fenster angelegt. Der dreigeschossige Backsteinbau soll mit den großen Bullaugenfenstern schon von außen andeuten, was sich dahinter versteckt. Die Vertikale wird mit zwei vorspringenden Gebäudeachsen mit Giebeln und gemauerten Rundbogeneingängen betont. Neben Jugendstilattributen finden sich vornehmlich Elemente des Historismus an der Fassade, etwa glasierte Drachenköpfe und Kupferpflanzenornamente. Die Arkadenreihen im zweiten Stock sind ein Element der Neorenaissance. Nach anfänglicher Heizung mit Dampfkessel wird 1926 eine Fernwärmeleitung zum Volksbad verlegt. Im Zweiten Weltkrieg wird das Stadtbad von einer Granate getroffen, aber schon 1946 wieder eröffnet. In den 1970er-Jahren kann der Komplex um ein neues 50-Meter-Becken erweitert werden, dessen Dach aktuell einsturzgefährdet ist. Das Schwimmbad erfreut sich dennoch großer Beliebtheit und geht mit der Zeit: An jedem ersten Dienstag im Monat ist Trans*Inter*Schwimmen.

→ Krumme Straße 9, 10585 Berlin

MEISTERWERK MIT GLAMOUR

August Endell erschafft in Berlin nicht nur die Hackeschen Höfe, sondern mit dem Hotel am Steinplatz 4 auch ein Meisterwerk des deutschen Jugendstils. Inspirationsquelle für diesen zunächst als Wohnhaus gedachten, fünfgeschossigen Prachtbau im dichten Stadtgefüge der City West ist die Natur. Organische Formen ziehen sich durch den gesamten Komplex, meisterhafte Technik trifft auf Vielfalt der Materialien. Die olivgrüne Fassade wirkt geradezu umwoben und umrankt, sie ist geschmückt mit Ornamenten mit Wald- und Nachtmotiven. Das 1907 fertiggestellte Gebäude ist zunächst ein Mietshaus und dient ab 1913 als Hotel, in dem nach der russischen Oktoberrevolution der Adel und auch der Schriftsteller Vladimir Nabokov, der Musiker Yehudi Menuhin und die Schauspielerin Zarah Leander ein und aus gehen. Nach dem Zweiten Weltkrieg trifft man sich hier in einer Künstlerbar. Von 1976 bis 2000 ist in den großbürgerlichen Räumen ein Seniorenheim untergebracht. Die Flure werden durch Lichthöfe mit Tageslicht versorgt, was zur Zeit der Erbauung als sehr modern gilt. Der rundgeführte Standerker und zwei rechteckige Erker mit eingefügten Balkonen gliedern die ansonsten ohne weitere Bauvolumina auskommende Fassade. Spitzbogige Fenster sind im rechten Fassadenbereich, aber auch auf der Hofseite zu finden. August Endell lässt Stuckdecken einbauen, von denen jedoch nur einige wenige erhalten geblieben sind. Dazu zählen die Wellendecke im Vestibül und die Stuckdecke des Musiksaals im ersten Stock. Als Baudenkmal ist das einzigartige Hotel am Steinplatz nicht nur wegen seiner geschichtlichen und künstlerischen Bedeutung ausgewiesen, sondern auch aufgrund der städtebaulichen Bedeutung für den Steinplatz.

→ Steinplatz 4, 10623 Berlin

Steinplatz

FROSCHKÖNIG KPM JUGENDSTIL

Am Bahnsteig des U-Bahnhofs Prinzenstraße turnt in luftiger Höhe seit der Einweihung der Station im Jahr 1902 ein Froschkönig aus der Königlichen Porzellanmanufaktur (KPM). Sowohl sein goldener bzw. in dieser Komposition weißer Ball als auch sein Krönchen müssen sich von den Tauben allerhand gefallen lassen. Aber auch die Menschen gehen nicht immer pfleglich mit dem fragilen Meisterstück um. Der Originalfroschkönig wird kurz nach der Einweihung gestohlen. Glücklicherweise hat die Hochbahnverwaltung gleich mehrere Exemplare bestellt und eingelagert. Allerdings wird die hübsche Porzellanskulptur nun so weit oben postiert, dass man sie gar nicht auf Anhieb sieht. Zu dem Märchen »Der Froschkönig und der eiserne Heinrich« der Brüder Grimm passt der Name der Station: »Prinzenstraße«. Allerdings wird diese nach Prinz Wilhelm von Preußen benannt. Keramische Arbeiten sind aufgrund ihrer dehn- und gestaltbaren Form und ihrer mit Licht und Schatten spielenden Oberfläche ein beliebtes Material im Jugendstil. Um 1900 ist der Frosch das Symbol des Frühlings und des zu erwartenden Regens und somit ein Glücksbringer. In der KPM-Welt-Dauerausstellung sind Vasen, Serviceteile und Figurinen zu sehen, die den fließenden Übergang vom Historismus zum Jugendstil eindrücklich dokumentieren. Der Besuch mit Audio-Guide, Führung oder im Rahmen eines Workshops vermittelt exklusive Einblicke in das künstlerische und handwerkliche Schaffen der über 250 Jahre alten Manufaktur. (Wegelystraße 1, 10623 Berlin, Mo.–Sa. 10 –18 Uhr)

→ U-Bahnhof Prinzenstraße, 10969 Berlin

JUGENDSTILSPAZIERGANG 1: CHARLOTTENBURG

Anreise: U-Bahnhof Wittenbergplatz
Abreise: S-Bahnhof Westend (oder nur bis Halensee)

Unsere erste Route führt durch den alten Berliner Westen und beginnt am beziehungsweise im U-Bahnhof Wittenbergplatz. Er gilt als architektonisches Schmuckstück der City-West und weist trotz der Kriegszerstörungen noch einige Jugendstilelemente wie die historischen Schalter und die gelben Fliesen auf, für die Alfred Grenander verantwortlich ist. Wir nehmen den Ausgang Ansbacher Straße und biegen dann links in die Kurfürstenstraße ein. Hinter dem Ammonitenbrunnen befindet sich auch schon der Eingang zum Aquarium des Berliner Zoos, das den Zweiten Weltkrieg ebenso überstanden hat wie das Buntglasfenster im Eingangsbereich. Wenn es nicht ganz so voll ist und man freundlich fragt, ob man sich das Fenster kurz ansehen darf, dürfte nichts dagegen sprechen.
Entweder fahren wir nun wieder vom Wittenbergplatz mit der U3 zwei Stationen bis Spichernstraße oder wir laufen oder radeln die Nürnberger Straße runter, die schließlich in die Spichernstraße übergeht. Wir überqueren die Kreuzung und biegen in die Pariser Straße ein. Auf der linken Seite liegen nebeneinander zwei eigenwillige Bauten, die das ganze Repertoire des Jugendstils zeigen. Wir bewegen uns weiter bis zum Ludwigkirchplatz, an dem wir in die Atmosphäre von Stefan Zweigs Roman »Die Welt von gestern« einzutauchen scheinen. An der Ecke biegen wir rechts in den Olivaer Platz und erreichen an der dritten Straßenkreuzung auf der linken Seite das ockerfarbene Eckhaus mit der Bäckerei Schnell im Erdgeschoss. Von dort geht es ein Stück zurück und dann rechts in die Mommsenstraße. Auf der linken Seite kommt zuerst die Hausnummer 59 mit dem famosesten Vestibül der Stadt, das wir durch das Türfenster einsehen können. Bei einem Besuch der Galerie von Ulrich Fiedler dürfen wir auch eintreten. Ebenfalls auf der linken Seite der Mommsenstraße folgt hinter der nächsten Querstraße ein Jugendstilgebäude, das sich allerdings am geometrischen Jugendstil orientiert.
An der nächsten Kreuzung biegen wir links in die Giesebrechtstraße und finden auf der linken Seite den Glücksadler mit Superkräften über dem Eingang und eine eigenwillige Theaterbühne mit Schlangen an der Fassade gegenüber.
Von hier aus fahren wir mit dem Fahrrad ca. 15 Minuten bis zur Bismarckstraße. Alternativ gehen wir zum Meyerinckplatz und weiter in die Clausewitzstraße und biegen am Ende rechts in den Kurfürstendamm ein, nehmen von dort die U7 von der Station Adenauerplatz und fahren zwei Stationen bis Bismarckstraße. Von dort laufen bzw. fahren wir die Bismarckstraße bis zur U-Bahnstation Sophie-Charlotte-Platz oder nehmen die U2 dorthin. An der Kreuzung liegen gleich zwei – ebenfalls sehr unterschiedliche – Jugendstilgebäude nah beieinander. Hier könnten wir die Route beenden oder mit der U-Bahn noch einen Schlenker machen. Vom Sophie-Charlotte-Platz erreichen wir auf der U2 die nächste Station Kaiserdamm und fahren dort mit der S-Bahn eine Station Richtung Westkreuz. An der Station Halensee bewegen wir

uns zurück zum Kurfürstendamm, in den wir links einbiegen und dann zu einem der schönsten Jugendstilgebäude von Berlin gelangen. Wir stehen vor Aschingers Muse und fragen uns, warum die XXL-Lady im Dach so nachdenklich guckt.

Wenn die Akkus noch voll genug sind, bewegen wir uns wieder zur S-Bahnstation Halensee zurück und fahren von dort mit einer der S-Bahnen Richtung Gesundbrunnen bis zur Station Westend. Der Ausgang Spandauer Damm bringt uns Richtung Schloss Charlottenburg und dann rechts nach dem Abbiegen in die Schloßstraße zum Bröhan-Museum, in dem ungeahnte Schätze warten. In der Sammlung Scharf-Gerstenberg gegenüber lockt das Café »Kunstpause« mit Kaffee und Kuchen.

JUGENDSTILSPAZIERGANG 2: STEGLITZ

Anreise: S- (oder U-)Bahnhof Rathaus Steglitz
Abreise: U-Bahnhof Friedrich-Wilhelm-Platz

Unsere zweite Route führt von Steglitz nach Friedenau. In diesem Teil der Stadt sind noch viele Gebäude aus der Zeit um 1900 erhalten geblieben. Am besten nehmen wir am S-Bahnhof Rathaus Steglitz den Ausgang Berlinickestraße. Den Jugendstil-Leuchtturm auf der Anhöhe in der Albrechtstraße kann man nicht verfehlen. Den kleinen, am Ausgang rechts zu sehenden, denkmalgeschützten Verkaufspavillon aus dem Jahr 1910 schon. Wir unterqueren die unwirtliche Kreuzung Richtung Rathaus und biegen rechts in die Schloßstraße. Auf der linken Seite liegen – eine Seitenstraße voneinander entfernt – gleich zwei Gebäude, die zeigen, wie unterschiedlich der Jugendstil ausgeprägt sein kann. Wir machen einen Abstecher links in die Zimmermannstraße, um dort Jugendstil mit Art-déco-Elementen zu bestaunen.
Zurück auf der Schloßstraße biegen wir gleich in die nächste Seitenstraße (Ahornstraße) links. Auf der rechten Seite stehen wir vor einem opulenten Gebäude, über dessen Eingangstür eines der seltenen, noch im Original erhaltenen Buntglasfenster zu sehen ist. Zurück auf der Schloßstraße weiter Richtung Innenstadt biegen wir links in die Markelstraße, in der sich ein imaginärer Theatervorhang hebt. Auf der linken Seite steht das schönste noch zusammenhängende Jugendstilensemble aus Mietshäusern von ganz Berlin. Dem nicht genug folgt ein Stück weiter auf der rechten Seite ein rosafarbener Eyecatcher mit einer fantastischen Eingangstür, bei deren Anblick man das dunkelbraun gestrichene Erdgeschoss allerdings ausblenden sollte. Nach dem Schlussapplaus geht es zurück auf die Schloßstraße Richtung Walther-Schreiber-Platz. Wir biegen rechts in die Schöneberger Straße und stehen vor einer Fassade aus üppigem Herbstlaub. Nur für Profis zu erkennen ist das detailverliebte Gesicht auf der linken Gebäudeseite unter dem Dachabschluss.
Es geht zurück und weiter auf der Rheinstraße Richtung Innenstadt, vorbei an der Rheinstraße 40, in der die Rheineck-Apotheke noch bis Anfang 2023 in Original-Möhring-Inventar ihren Dienst versah. Dann folgt auf derselben Seite eine überaus belebte Fassade mit einem der wenigen Fassadenpfauen von Berlin. Wir bewegen uns weiter und sehen an der großen Kreuzung auf der rechten Seite in der Moselstraße das Titelmotiv aus der Startnext-Kampagne. Live und in Farbe ist das Mietshaus noch imposanter. Wir bestaunen die Drachen in Ketten an der Seitenfassade und überqueren die Kreuzung. Der Moselstraße folgend geht es in die erste Seitenstraße links. Hier hat sich der Architekt Oscar Haustein gleich in drei Gebäuden (2, 5 und 7) verewigt, aber nur in der Hausnummer 5 steht sein Name neben dem Eingangsportal, in Eckmann-Schrift natürlich. Wir folgen dem Straßenverlauf und überqueren an deren Ende die Hauptstraße, um in die Schmargendorfer Straße zu gelangen. Vorbei an dem Kreisverkehr bewegen wir uns weiter Richtung Friedrich-Wilhelm-Platz mit der Kirche zum guten Hirten. Hier können wir

in die U-Bahn steigen oder noch einen kleinen Abstecher zu den einzigen Mackintosh-Fassadenrosen der Stadt unternehmen. Wir biegen in die Wiesbadener Straße und sehen zwei fantastische, eher in Wien zu vermutende Mietshäuser, die links und rechts der Rotdornstraße entstanden sind. Das rechte Haus verfügt über einen mehrgeschossigen Eckturm, der im oberen Teil ebenfalls mit Rosen ausgestaltet wurde. Von hier erreichen wir in wenigen Minuten den U-Bahnhof Friedrich-Wilhelm-Platz.

DANKSAGUNG

Ich danke allen, die mich nach Kräften bei den Recherchen für dieses Buch unterstützt haben. Eva Marquardt verdanke ich nicht nur die wundervollen Illustrationen. Ihre Begeisterung und Sachkenntnis trugen mich auch dann weiter, als die StadtbewohnerInnen hinter Masken verschwanden, einige Fassadenornamente einfach nicht zu mir sprechen wollten und sich die Bauaktenarchive als Fort Knox entpuppten. Ohne Juliane Stamm vom Landesdenkmalamt würde ich vermutlich immer noch durch das Internet irren und Hintergrundinformationen zu den Gebäuden suchen. Peter Knoch half dankenswerterweise bei der Auswahl der Gebäude und konnte als Architekt und (echter) Berliner Insidertipps beisteuern. Dr. Ulf Buermeyer hat mir mit seiner MapAlarm-App Orientierung verschafft und mich von den Vorzügen der Drohnenfotografie überzeugt. Für einschlägige Informationen und interessante Einblicke danke ich außerdem Sebastian Rost, Joachim Stein, Dr. Anna Grosskopf, Dr. Tobias Hoffmann, Claudia Tetzlaff, Tobias Klaus, Ulrich Fiedler, Prof. Rolf-Peter Janz, Richard Soltau, Viktor Schmidt, Dr. Thomas Rabenau, Peter Meissner, Christiane Mergner, Heidrun Bernitt, Eva Beldig und allen liebenswürdigen ArchivarInnen, die für mich Bauakten gesucht und geschleppt haben. Danke für die professionelle Bildbearbeitung, liebe Jeska Neuhaus. Ich danke meinem Verleger Marcel Piethe, der vier Minuten nach dem Absenden meiner E-Mail mit dem Buchvorschlag Interesse signalisierte, obwohl ich vergessen hatte, das Exposé anzuhängen. Meine Lektorin Bettina Bergmann kann Sätze zum Leuchten bringen und Manuskripte zum Fliegen. Vor allem aber behält sie den Überblick.

Last, but not least, danke ich Friedrich und Kasimir Johenning, die eine endlose Geduld an den Tag legten, auch wenn beim Thema »Jugendstil« zuletzt ab und an der Vorhang fiel.

Der Verlag und ich bedanken sich bei den großzügigen Menschen, die durch ihre Unterstützung unserer Crowdfunding-Kampagne dieses Buch möglich gemacht haben. Ganz besonderer Dank gilt: Christian Babirat, Christian Schoene, Martin Friese, Slawomir Czaplewski, Irina Hinz, Stefan Pohner, Sandra Furtwängler und Marielies Neuhaus.

BIBLIOGRAFIE

Jugendstil, Klaus-Jürgen Sembach, Benedikt Taschen Verlag, Köln 1990.

Jugendstil & Werkkunst – Architektur um 1900 in Leipzig, Peter Guth, Bern Sikora, Edition Leipzig 2005.

Berlin auf dem Wege zu einer neuen Architektur, Julius Posener, Prestel Verlag, München 1999.

Ruhige Straße in guter Wohnlage, Pascale Hugues, Rowohlt Verlag, Reinbek, 2013.

Jugendstil in München, Bernd Mollenhauer, Hirschkäfer Verlag, München 2014.

Schnörkellos. Die Umgestaltung von Bauten des Historismus im Berlin des 20. Jahrhunderts, Hans Georg Hiller von Gaertringen, Gebr. Mann Verlag, Berlin 2012.

Fort mit Schnörkel, Stuck und Schaden. Die Entstuckung Berlins im 20. Jahrhundert. In BerlinLabor (Hrsg.): Berlin-Forschungen junger Wissenschaftler, Bd. 1. Berlin: Verlag für Wissenschaft und Forschung 2005.

Marjampole oder Europas Wiederkehr im Geist der Städte, Karl Schlögel, Carl Hanser Verlag München, 2005.

Wasserwelten: das Motiv des Wassers in der Kunst des Jugendstils (Ausstellungskatalog), Ingeborg Becker, Verlag Bröhan-Museum, Berlin 1995.

Modernes Berlin der Kaiserzeit – Ein Wegweiser durch die Stadt, Michale Bienert und Elke Linda Buchholz, Berlin Story Verlag, Berlin 2018.

Jugendstil in Karlsruhe, M. Bachmayer, R. Dreikluft, DRW-Verlag Weinbrenner, Karlsruhe 2002.

Denkmaltopographie Bundesrepublik Deutschland, Denkmale in Berlin, Bezirk Treptow-Köpenick, Ortsteile Nieder- und Oberschöneweide, Hrsg.: Landesdenkmalamt Berlin, Autoren: Hubert Staroste, Matthias Donath, Gabriele Schulz, Hrsg.: Landesdenkmalamt Berlin, Michael Imhof Verlag, Petersberg 2005

Denkmaltopographie Bundesrepublik Deutschland, Denkmale in Berlin, Bezirk Friedrichshain-Kreuzberg, Ortsteil Kreuzberg, Autoren: Matthias Donath, Olav Vogt, Thorsten Dame, Leonie Glabau, Michael Hofmann, Gabriele Schulz, Hrsg.: Landesdenkmalamt Berlin, Michael Imhof Verlag, Petersberg 2016.

Denkmaltopographie Bundesrepublik Deutschland, Denkmale in Berlin, Bezirk Steglitz-Zehlendorf, Ortsteil Nikolassee, Autoren: Haila Ochs, Jürgen Tomisch, Rainald Eckert, Michael Hofmann, Hrsg.: Landesdenkmalamt Berlin, Michael Imhof Verlag, Petersberg 2013.

Denkmaltopographie Bundesrepublik Deutschland, Denkmale in Berlin, Bezirk Steglitz-Zehlendorf, Ortsteil Wannsee, Autoren: Angelika Kaltenbach, Haila Ochs, Jürgen Tomisch, Rainald Eckert, Klaus von Krosigk, Michael Hofmann, Hrsg.: Landesdenkmalamt, Michael Imhof Verlag, Petersberg 2013.

Denkmaltopographie Bundesrepublik Deutschland, Denkmale in Berlin, Bezirk Steglitz-Zehlendorf, Ortsteil Dahlem, Autoren: Angelika Kaltenbach, Haila Ochs, Jürgen Tomisch, Michael Hofmann, Katrin Lesser, Hrsg.: Landesdenkmalamt Berlin, Michael Imhof Verlag, Petersberg 2011.

Denkmaltopographie Bundesrepublik Deutschland, Denkmale in Berlin, Bezirk Pankow, Ortsteil Buch, Autoren: Haila Ochs, Michael Hofmann, Caroline Rolka, Hrsg.: Landesdenkmalamt Berlin, Michael Imhof Verlag, Petersberg 2010.

Denkmaltopographie Bundesrepublik Deutschland, Denkmale in Berlin, Bezirk Mitte, Ortsteil Mitte, Hrsg.: Landesdenkmalamt Berlin, Michael Imhof Verlag, Petersberg 2003.

Denkmaltopographie Bundesrepublik Deutschland, Denkmale in Berlin, Bezirk Mitte. Ortsteile Moabit, Hansaviertel und Tiergarten, Autoren: Jürgen Tomisch, Matthias Donath, Angelika Kaltenbach, Klaus von Krosigk, Heino Neumayer u. Gabriele Schulz, Hrsg.: Landesdenkmalamt Berlin, Michael Imhof Verlag, Petersberg 2005.

Denkmaltopographie Bundesrepublik Deutschland, Denkmale in Berlin, Bezirk Tempelhof-Schöneberg, Ortsteile Tempelhof, Mariendorf, Marienfelde und Lichtenrade, Autoren: Matthias Donath, Gabriele Schulz u. Michael Hofmann, Hrsg.: Landesdenkmalamt Berlin, Michael Imhof Verlag, Petersberg 2007.

Denkmaltopographie Bundesrepublik Deutschland, Denkmale in Berlin, Bezirk Mitte, Ortsteil Wedding und Gesundbrunnen, Autoren: Matthias Donath u. Gabriele Schulz, Hrsg.: Landesdenkmalamt Berlin, Michael Imhof Verlag, Petersberg 2004.

Denkmaltopographie Bundesrepublik Deutschland, Denkmale in Berlin, Bezirk Tempelhof-Schöneberg, Ortsteil Schöneberg, Autoren: Katharina Husse, Peter Lemburg, Haila Ochs u. Gabriele Schulz, Hrsg.: Landesdenkmalamt Berlin, Michael Imhof Verlag, Berlin 2018.

Jugendstil, R. Toman (Hrsg.), h.f.ullmann publishing, Rheinbreitbach 2019.

Das Berliner Mietshaus 1862-1945, Johann Friedrich Geist, Klaus Kürvers, Prestel Verlag, Köln 1984.

Jugendstil, Bernd Scheidt, Wissen Verlag, Herrsching 1980.

Berlin über und unter der Erde, Hrsg.: Aris Fioretos, Nicolai Verlag, Berlin 2006.

Passagen, Durchgänge, Übergänge, Walter Benjamin, Hrsg. Johanna Sprondel, Reclam Verlag, Stuttgart 2020.

Jugendstil in der Hoffnungskirche zu Berlin-Pankow, Ulrich Kappes, Evangelische Hoffnungskirchengemeinde Berlin Pankow, 2013.

Die doppelte Kurve, J. Meier-Graefe, Paul Zsolnay Verlag, Wien 1924.

Berlin und der Jugendstil, Ausstellungskatalog, Bonn, Haus an der Redoute 1980.

Architekturgeschichte Berlins, Bert Hoppe, Elsengold Verlag, Berlin 2019.

Ornament im Quadrat, Ausstellungskatalog, Institut Mathildenhöhe Darmstadt und Wienand Verlag, Köln 2017.

Prenzlauer Berg – Besichtigung einer Legende, Alexander Haeder, Ulrich Wüst, edition q im Quintessenz Verlag, Berlin 1994.

Jugendstilfliesen, Michael Weisser, Fricke Verlag, Frankfurt 1983.

Berlin um 1900, Ausstellungskatalog der Berlinischen Galerie, Berlin 1984.

Die gemordete Stadt, Wolf Jobst Siedler, Elisabeth Niggemeyer, Wolf Jobst Siedler Verlag GmbH, Berlin 1993.

Jugendstil in Freiburg, Joanna Flawia Figiel, Promo Verlag, Freiburg 2003.

Wo Mauerblumen blühen, Birte Gaethke und Manuela Junghölter, Husum Druck- und Verlagsgesellschaft, Husum 2004.

Bruno Möhring – Architekt des Jugendstils, Heidrun Bernitt, Rhein-Mosel-Verlag, Zell/Mosel 2021.

Stilwende 1900, Jugendstilforum Bad Nauheim, Manfred Geisler, Bad Nauheim 2022.

Stilwende – Aufbruch der Jugend um 1900, Friedrich Ahlers-Hestermann, Gebr. Mann Verlag, Berlin 1956.

Bau- und Kunstdenkmale Berlin II, Dehio, Berlin 2000.

Die fetten und die mageren Jahre, Karl Scheffler, Paul List Verlag, München 1948.

Picassofisch und Kompassqualle – 100 Jahre Zoo-Aquarium Berlin, Hrsg.: Bernhard Blaszkiewitz, Lehmanns Media, Berlin 2013.

Wendezeiten in Architektur und Stadtplanung (Hrsg.: Erich Konter), Berlin Technische Universitäts-Bibliothek Abt. Publ., Berlin 1986.

Bröhan 100, Hrsg.: Tobias Hoffmann, Anna Großkopf, Deutscher Kunstverlag, Berlin/München 2021.

Göttinnen des Jugendstils, Hrsg.: W. Hupperetz, A. Klein, E. Kollar, G. Kuper, L. Petersen und D. van der Wal, wbg theiss Verlag, Stuttgart 2021.

GLOSSAR

BIBERSCHWANZ Eine Dachziegelform mit einer flachen, oft halbrund geformten Unterkante, er wird in zwei sich überlappenden, versetzten Lagen angeordnet.

BOSSENMAUERWERK Außenmauern aus rechteckigen, grob behauenen (= bossierten) Steinquadern.

FESTON Ein Ornament in Form einer hängenden Girlande aus Blumen, Blättern oder Früchten. Bei den Blattmotiven reicht das Repertoire von Lorbeerblättern über Eichenlaub bis hin zu Weinranken.

FIALE Ein aus Stein gemeißeltes, spitz aufragendes Türmchen als Zierelement, das erstmals in der gotischen Architektur Anwendung fand.

GRISAILLEMALEREI Auch Schwarzlotmalerei genannt, da sie ausschließlich in Grau, Weiß und Schwarz ausgeführt wird.

KANNELUREN Die parallele Anordnung von vertikalen Linien auf einer Wandfläche, die ein eigenes Gefühl für Linienführung erzeugen.

KRANZGESIMS Ein vorspringendes, umlaufendes Gesims als Fassadenabschluss unter dem Dach.

LISENE Ein flach hervortretender Mauerstreifen als optische, horizontale Verstärkung einer Wand.

LORBEER(KRANZ) Ein Symbol für das Wachsen innovativer Kräfte und ein Zeichen des Ruhmes und der Ehre.

MAJOLIKA Sie bezeichnet eine Keramik, die auf einem naturfarbenen Scherben aus porösem Ton basiert, der später farbig glasiert wird.

PILASTER Ein flacher Wandpfeiler mit Basis und Kapitell, der aussieht wie eine in Scheiben geschnittene Säule.

SCHARRIERUNG Das Aufbringen von parallelen Rillen als Oberflächenmuster auf Stein.

TAMBOUR Der eine Kuppel tragende ovale, polygonale oder zylindrische Unterbau.

TUFFSTEIN Dabei handelt es sich um porenreiches, vulkanisches Gestein, das zu 75 % aus Asche besteht.

VOLUTEN Schneckenförmig gewundene Verzierung an Baugliedern.

BILDNACHWEIS

Cover und Rückseite: Heike Maria Johenning

Bauaktenarchiv Bezirksamt Charlottenburg-Wilmersdorf: S. 201, 223, 228–229, 236, 236

Bauaktenarchiv Bezirksamt Steglitz-Zehlendorf: S. 182, 186, 187, 196, 197

Berliner Bäderbetriebe GmbH: S. 256, 257

Bröhan Museum: S. 253–255

Helmut Grüneberg; Rheinbeck-Apotheke: S. 121

Ulrike Haseloff: S. 118 (l. u.)

Heike Maria Johenning: S. 10, 17, 18, 20 (o.), 21, 22, 24–36, 38–44, 47, 50–54, 60, 61, 63, 64 (u.), 66–72, 74–90, 92, 94, 98–123, 126–135, 136 (r.), 137–144, 146–150, 151 (l.), 152–168, 170–173, 176–181, 183 (o.),184–185, 188, 190–191, 192 (l.), 193–195, 198–200, 202–207, 210–215, 217–222, 224–227, 229–234, 237–238, 239–243, 245, 247–251, 258, 259, 260, 261, 263, 265

Eva Marquardt: S. 16, 20 (o.), 23, 55, 56, 57, 64 (u.), 65, 73, 91, 136 (r.), 145, 151 (l.), 169, 183 (u.), 192 (r.), 224, 235

Sebastian Rost: S. 19, 62, 94, 95

Yue Zhao: S. 58.

Der Verlag hat sich bemüht, alle Rechteinhaber ausfindig zu machen. Eventuelle Auslassungen wird der Verlag bei Hinweis gern in einer folgenden Auflage korrigieren.

IMPRESSUM

Bibliografische Information der Deutschen Nationalbibliothek:
Die Deutsche Nationalbibliothek verzeichnet diese Publikation in der Deutschen Nationalbibliografie, detaillierte bibliografische Daten sind im Internet über https://dnb.d-nb.de/ abrufbar.

Rahnsdorfer Straße 26, 12587 Berlin
www.ammian-verlag.de
Heike Maria Johenning:
Fassadendämmerung: Berliner Jugendstil

2. Auflage 2025
Gedruckt in der EU.

Lektorat: Bettina Bergmann, ammian Verlag, Berlin
Korrektorat: Elisa Garrett, Lektorat Garrett, Bayreuth
Cover: Annette Liese Design, Dortmund
Zeichnungen: Eva Marquardt, Berlin
Umschlag und Gestaltung: typegerecht berlin
Projektleitung & Herstellung: Bettina Bergmann, ammian Verlag, Berlin

ISBN 978-3-948052-56-0